跨媒体艺术丛书

高世名 丛书主编

如水的社群

郑 波 主编

中国美术学院出版社

我们是改变的力量

——"跨媒体艺术丛书"序

高世名

它首先生产的是它自身的掘墓人。

没有学院派的学院

这套丛书是跨媒体艺术学院自我建构的一部分。2010年,跨媒体艺术学院成立的时候,我跟同事们怀抱一个共同的愿望,就是希望建立一个未来媒体的知识实验室,不但包含影像、声音、表演、网络等不同形式的媒体艺术,而且涉及视觉批判、策展研究以及社会思想等各个方面。我们希望建立一所"没有学院派的学院",一所"无墙的学院"。这要求学院形成内外双向打通的机制,在媒介与观念的深度融合中达到艺术能量的增值。目前,因为各种原因,我们还没有做到。我们所做到的,只是尽可能地激发出学院体制中的一种活力。

这种活力从何而来？我认为：第一是来自"密度"——教学的密度、思想的密度、工作的密度；第二来自"流动性"，知识的流动性和人的流动性。一所学院就像一座城市，最重要的是密度与流动性。密度加上流动性，带来的就是活力与能量。在目前的条件下，要做到这些，只靠学院本身的资源是远远不够的，还必须建立"体外循环"，要内外打通、四通八达地推进。

跨媒体艺术学院有其初始设定，就是强调媒体实验、艺术创作、社会思想、策展实践的四维互动，推进当代艺术的跨学科研究和跨领域实践。其教学要求是：一方面提供最切实的媒体技术与创作路径的训练；另一方面，强调媒介理论与社会思想的智识培养，注重媒体手段与思想方法的综合演习。我们要培养的不是现成的当代艺术家或者新媒体艺术家，而是"掌握新媒体技术、具有实验精神和思想能力的艺术实践与媒体创新人才"。我们希望培养的，是"大写的"艺术家。

在跨媒体艺术学院中，有三种不同的教育观同时在起作用。

第一种教育观认为，学院所提供的只是土壤，而园丁的工作是种地，是培育土壤，让土壤尽可能养料丰富、成分多元，学院的任务是把这片土地养好。而学生是种子，学生在好的土壤里生长，长成什么样是他自己的事情。这种教育观我们称之为"土壤论"。

第二种教育观是"锻炼说",认为教育就像锻钢打铁一样,在锻打敲击中把铁中的杂质,也就是各种习气渐渐剔除。越敲打,钢铁越精良,越坚强有力。这种教育如同匠人的修行,是学而后习,反复打磨,在劳作中养成一种身体感觉、一种精神体验。在此,艺术创造的过程同时也是自我创造的过程。

第三种教育观是"感染说"。中国古人讲"气韵非师",艺术中最根本的东西是无法教授的,只能唤起。每个人身上都有创造的种子,艺术的任务是唤起它,使它苏醒、发芽。这种意义上的教育像是某种心情的传递,甚至像医学上的感染。通过这种传递或者感染,一个人开始变得善感,开始不满,渐渐变得敏锐,渐渐渴望改变。

这三种教育观所关心的,都不是知识的传授,而是感受力,是一个人对事物的感觉、对世界的理解、对生命的态度,这些东西只能通过示范而不是规范来进行引导和激发。学院教育的目的是让学生意识到不同世界观的存在,让他们在面对事物时的复杂性和敏感性慢慢地呈现出来;让他们逐渐体会到,还有这么一些眼光,有这么一些做法,有这样一些感觉,甚至有这么一种活法,这是艺术教育中最难以言说的事情。从这个意义上讲,艺术教育的问题就是艺术的问题，艺术的教育要用对艺术起作用的方式进行。也就是说，老师和学生的关系，就如同艺术家和他的观众之间的关系。在这个意义上，美术学院中的教与学、研究与创作是彼此贯通的。

2017年，跨媒体艺术学院正式启动了一个长线计划——"未来媒体／艺术宣言"。此宣言并不是一个文本，而是一系列行动与事件，我们希望用行动之媒体构筑出具有艺术时刻的事件。

这几年，学院里的同事们对当前的艺术和媒体状况有着强烈的不满和不安。因为在全世界范围内，媒体艺术、实验艺术、科技艺术都已经迅速成为一种新型号的Fine Art（艺术），新媒体本身的媒介能量被迅速置换为一种新的美学。现行的新媒体艺术、实验艺术不但成为了一个越来越特殊化的门类、学科化的专业，而且已经逐渐沦为一种过气的时髦、一种不恰当的商品、一种吸引眼球的科技艺术杂耍。更重要的是，非但现行的"新媒体艺术""实验艺术"已经被全球艺术景观系统收编，而且现行的新媒体和艺术也已经成为了资本再生产的手段。

通过"未来媒体／艺术宣言"，我们希望超越现行的媒体理论和媒体艺术，在媒体社会的生存处境中，在未来政治／美学的经验结构中，探讨"作为媒体的艺术"和"作为艺术的媒体"。为了让艺术和媒体重新成为当代人得以自我解放、自我创造的能量，我们必须使媒体艺术重新成为媒体与艺术，必须将之再次媒介化，重新社会化。

未来媒体／艺术宣言

1. "未来的媒体／艺术"不是指那些易于被历史化，因而也易于被收编的新媒体艺术家们的工作及产品。它并不在美术馆的展厅里，而是在全球数十亿普通民众的眼中、手中，在播撒流传的信号和亿万匿名者的意识中。

2. "未来的媒体／艺术"不是一个学科或者艺术门类，它不是一个专门领域，更不能成为一个圈子。"未来媒体／艺术"是艺术史叙述所无法涵盖的事件，它的发生是媒介化的和社会性的。这一发生不是因为艺术获得、运用了新媒体、新工具，而是技术媒介和日常生活的激进性超越艺术激进性的结果，也是艺术从技术中绝地反攻后创造出新媒体、新冲动的结果。这种"媒体／艺术"既是被逼出来的，又是斗争出来的。

3. 如果当代艺术是暂时的（con-temporary）艺术，"未来媒体／艺术"就是尚未定义和即将到来的艺术。它不把创造的希望寄托在任何时新媒体、先进科技之上。现行的新媒体艺术和科技艺术把科学技术化，把科技媒介化，把媒介工具化，这在意识上是原始的，只是当前技术景观的一种病灶。

4. 什么是新媒体？新媒体是这个时代最前线的消息，是对于我们而言陌生的东西。媒体即讯息，只有最新奇的内容和最激进的讯息，才是新媒体。"未来媒体／艺术"的任务不是运用现成的新媒体去做艺术的表达，而是要艺术地创造出新媒体。新媒体本身就是"未来媒体／艺术"的内容。"未来媒体／艺术"要使我们手中的媒介成为尖锐、激烈的内容，从而反制新媒体、新技术对我们的魅惑与控制。

5. 在大数据、人工智能最切近生活的应用场景中，亚马逊、淘宝、京东设置了众多的推荐和"方便"功能，这些"方便"不但是引导消费的诱饵，更是对我们自身的诱导和窄化。在大数据、人工智能的合作中，我们的偏好被强化，我们的欲望被放大。新技术对我们的阅读是一个超级踪迹学的建构，据说阿里巴巴对每一个淘宝用户的定义，可以拓展到几千个标签。这意味着，它比你自己更了解你的欲望、你的需求、你的目的、你的冲动。然而，这只是你的数码存在，这不过是由概率算法导出的一种"显示性偏好"。

6. 通过脸书（Facebook）、推特（Twitter）和微信，你总是会看到你想要看到的内容。社交网络营造出了一个让我们每个人都感到舒适的"共识性"环境，一个自我映射、自我生产的小世界，这个小世界，已经具有了Matrix（虚拟程序）的基本雏形。我们在自媒体的自我数据化中"被个性化"，在"朋友圈"与"众筹经济"的网络互动中"去社会化"，在越来越自动、便利的服务系统中沦落入"功能性愚蠢"，陷入自动化的麻木，陷入网络的隔绝与忧郁……

7. 大数据和人工智能对人群做了无穷细分和精准定位，但是在深层意义上，人的社会性以及社会能力（sociability）却被极大地削弱了。由网络所动员起的亿万网民的全球链接，只是制造出了一个"被冻结的公共领域"，在这里时刻喧嚣着的，是数以亿计的"无用的多数"。这是比民粹主义更加困难的问题，这是当前新政治需要面对的根本问题，也是"未来媒体／艺术"面临的首要问题。

8. 伴随着社交媒体而出现的，是一种更加琐碎化的感知、更加景观化的生存，是一种更深入、更全面的生命治理，这就是我们的digital being（数字化存在）。这是新的Matrix（虚拟程序）帝国体制，这个新帝国所代表的不只是意识形态——治理技术，而且还是一种生活方式——知识方式。从软件到硬件，从编码（coding）到治理（governing），它渗透社会肌体和生命政治，塑造着人们的行为习惯和梦想方式、欲望建制和情感结构。

9. 在新媒体的景观社会中，我们最大的快感、最深的伦理，都与那个看见了我们所说、所想和所做的一切的"大他者"相关。今天,"大他者"不是高高在上的"老大哥",也不是虚无缥缈的意识形态的崇高客体,而是我们依赖着、爱抚着、每时每刻不可或缺的技术的"假肢"。在希望谷歌(Google)、百度、GPS精准到位时,我们已心甘情愿地剧透了自己的目的与踪迹。新媒体就是这样既让我们逃脱显在的主权者的捕捉,同时又将我们拖入隐形的全景监控。对此,未来"媒体/艺术"又将何去何从?

10. 技术—信息—资本—权利的网络已经建立起了一种总体性的全球治理,统治与压迫的形式与主题改变了,变得更加隐形。全球网络隐形了,统治和压迫我们的机器隐形了,我们不是在与某个外在于我们的"中心"斗争,不是要与束缚、禁锢着我们的那堵幻想中的围墙较劲,我们再也找不到明确的敌人。脸书、谷歌、阿里巴巴这些公司和社会的边界越来越模糊不清,它们所构造起的全球治理装置没有外部边沿,它们无限地消隐于社会,它们已经成功地装扮成了社会本身。压迫和剥削隐于我们自身,融入我们身处其中并且乐在其中的日常生活,迫使我们做出选择——要么心甘情愿地让渡出自己的自由,要么必须与我们自身、我们的情感与欲望机制作斗争。

11. 新媒体的困境,也是新政治的困境。推动新媒体发展的数码化,是更细、更碎、更死板的自动化书写,是新技术对人类的进一步捕捉。21世纪将是我们与数码性作殊死斗争的世纪。"未来媒体／艺术"是自由联合与主权式监控较量的战略性武器。

12. 当前生命政治的根本问题不再是压迫，而是替换。从压迫到替换，就是用假肢替换并废除你的器官——不是我们缺失才做了假肢，相反正是这预先生产的假肢把我们变成残废。全球资本主义的创新统治不再需要通过压迫和榨取，在这新统治中，起作用的是消费主义政治的替换的逻辑：你要的生活发展的自由，被替换为自由市场的自由；你要媒体自由，却得到自媒体；你召唤团结，获得的只是朋友圈；你本应是生产者，却很自然地变成了消费者；你想做个战士，却只是成为了演员……

13. 被欢呼为新媒体的社交媒体其实是反社会的，它无时无刻不在离间着我们。它们是对我们的关注和交往的商业的开发手段，它将个人关注、共同在场和共同体的交往，也当成商品来买卖，它是人类的自我景观化，是对共同体情感的消费。媒体真正的社会性，是要使社会成员的信念和情感充分流动和互动，并从中形成社会性的感知或共同意识，催发新形式的行动，凝聚出新的社会进程。为了这种社会性，我们必须使社交媒体真正成为社会媒体，为此，首先要把社交媒体变成新媒体。

14. 要把消费主义、享乐主义的社交媒体变成真正的社会媒体，就要对社交媒体进行政治——经济学的重塑。这首先要强调我们身上的力比多循环中的消费冲动与贡献冲动之间的对冲。"未来媒体／艺术"志在推助每一个人去达到消费与贡献之间的对冲与平衡。因此，"未来媒体／艺术"必须是开源的。开源，不只是让用户来贡献或主动参与设计，更是要在开源过程中，达到消费和贡献的平衡。开源包括共享，但开源必须大于、高于共享。以开源的态度和方式，我们才能阻挡"超群众"（hypermass）和"群化"（herdification），才能反对社交媒体对我们的开放和根源汇聚的阻断，以及这种阻断所造成的设计者和使用者之间的心理短路。

15. 开源的"未来媒体／艺术"是超国家、超阶级的。它应努力去兑现20世纪西方艺术史上被无数次开出的那张空头支票：人人都可以成为艺术家。这句话的意思是，每个人都可以从观众转化为艺术家，从读者转化为作者，从消费者转化为生产者。今天，新媒体已经在我们的手中，任何人都可以通过新媒体介入艺术／创作的状态，进入生命中的"艺术时刻"。"未来媒体／艺术"是观众艺术能力的自我赋权，为此，它不再是拜物教的艺术，它必须是民众的艺术、生产的艺术和解放的艺术。

16. 在对未来媒体的研究中，我们必须警惕社会学、文化研究式的和传播学式的媒体研究，应该学着在它们之外，去开拓我们的研究途径。未来媒体理论，是新技术理论，是关于技术与信息的政治经济学。对"未来媒体／艺术"的批评，必须建立在这样一种新的媒体理论上。建立一种新媒体理论的根本困难，来自当前文科理解技术科学时的根本困难：最新的媒体本身就已是强大的理论，社科式观察描述和解释学的理解，远不如"软件分析"来得更有力。对于真正的新媒体，需要一种新文科来响应、铸造我们的新的感知和批判理论。

17. 美国全球军事布局中的无人机战略及其相关的一切，是我们这个新媒体时代所付出的代价。我们必须马上想出办法，来抵抗与新媒体化身为一的监控、宰制系统，这跟反对越战、反对二氧化碳过度排放同样重要。因此，"未来媒体／艺术"的首要任务就是深入虎穴，进入技术的最前线，以便更快地从中打出来，到新的媒体技术系统中去搞艺术，逆转它，并主动成为其反叛者和毁灭者。

18. "未来媒体／艺术"的任务，还在于以新的集结去反对"超群众"，反对每一个人都被架空和掏空的"群化"。反对"群化"，就需要我们真正地集结起来，成为雪地上一起行动的狼群！"未来媒体／艺术"必须帮助人民从社交媒体的温柔乡中出走，从空洞的易于收编的公共空间中出走，拥抱更多的共同物，创造更多的共同性，更坚定地走向公与共的空间。

19."未来媒体／艺术"的目标是：占领新媒体的技术—资本，发明属于民众的媒体武器，刺破当代资本主义构筑的审美政治视野和景观资本装置，建立通向民众连接和自我解放的核心现场。要做到这些，现行的媒体和艺术都还远远不够。为此，我们需要将当前的媒体和艺术重新媒介化、社会化，并在这个过程中生产出一种作为社会媒体的"未来媒体／艺术"，发展出一种民众性的"公"的创造力。

20. 未来的媒体艺术家们，让我们抛开花样翻新的洋洋自得，抛开功成名就的幻象，抛开自我历史化的包袱，抛开双年展、美术馆、博览会的旧现场，抛开当代艺术的老道具，而深潜入日常生活的最前线。让我们发掘出民众的、切身的新媒体和新艺术，以具有平等精神、共享意识、创造激情和战斗意志的媒体／艺术行动，去抵抗感性分配的愚弄、景观资本主义的剥夺及生命政治的宰制。让我们从身边的问题出发，从一切上手的媒介出发，去重建我们的感受力，重新发明我们的语言，从而艺术地创造出通向感性平等的新的媒体。

正如"未来的媒体／艺术"，本宣言同样是开源的，对于这个文本，人人都有权定义、使用、修改和废止。

艺术的作用不只是生产出供观看者欣赏的作品，更重要的是要让观者成为作者，让每个人都成为艺术家。成为艺术家并不是获得一种身份，而是意味着进入"艺术时刻"。在"艺术时刻"中，我们每个人都可能是有所创造的人。

通过"未来媒体／艺术宣言"，我们希望突显出跨媒体艺术学院作为一个计划、一种方案的意味。通过"跨媒体艺术丛书"，我们希望超出美术学院的传统工作范畴，形成一个跨学科、跨领域的枢纽，一个媒体、艺术、思想不断循环转化的"社会器官"。这或许只是我们的梦想，但这个梦想不只针对艺术创作和艺术教育，而且关乎人在当代媒体经验中的智性实践与知行模式的更新。我不知道未来我们能够实现多少，但我相信，跨媒体艺术学院的根本使命，是在内与外的双向打通中，在媒介与艺术的辩证中寻找"我"和"我们"。

在跨媒体的"我"和"我们"之间，最弥足珍贵、最值得传递给学生们的，是一种"世代的心情"——"意气"和"义气"。我们相信，只要心里有股自命不凡之气，你就能够在人生浮沉中树立起你的"意"，只要胸中还有坦荡磊落之气，你就可以在世事的恩怨纠缠中守住你的"义"。自命不凡，坦荡磊落，这种意气和义气，或许能够唤起我们对平等的爱，对世界的善意，对创造的热情；这种意气和义气，必定能够凝聚出一种改变的力量。

艺术家是一种志业，只要胸怀这样一份志业，我们就会在人生这场不可逆的旅途中永不停留，就会无所畏惧地去创造，去斗争，去改变自己、改变艺术、改变世界。因为，我们是改变的力量。

目录 CONTENT

高世名　　　　　　序·我们是改变的力量　I
郑　波　　　　　　导言
　　　　　　　　　人民的名字：如水的社群　1
［意］乌果·马戴　　公有之物的现象学初考　17
肖　铁　　　　　　非理性之魅惑
　　　　　　　　　朱谦之的群众观　33
［日］水溜真由美　　拒绝同化型共同性
　　　　　　　　　森崎和江与矿井　105
［美］李善宇　　　　《波拉特》、多元文化主义、多民族主义　147
［美］理查德·桑内特　一起　185
［美］道格拉斯·克林普　别扭的在一起　233
黄建宏　　　　　　人群系谱学的可能性？　269
刘　畑　　　　　　集结群、众、民
　　　　　　　　　"汉雅一百"展览中的"艺术物"集合　280
［美］提摩西·梅伊　加密无政府主义宣言（1992）　291

导 言

人民的名字：如水的社群

郑 波[1]

---
1. 郑波，香港城市大学创意媒体学院副教授。

人的本质不是单个人所固有的抽象物，在其现实性上，它是一切社会关系的总和。

——马克思《关于费尔巴哈的提纲》（1845）

一

人民，诸众，大众，公众，群众，阶级，阶层，族群，群体，共同体，公共体，集体，同仁，合作社，社区，社交网络，朋友圈……这些概念都被用来描述社群。对不同概念的好恶可以透露出使用者的政治倾向，我在第三部分将通过介绍本专辑的论文再做说明。在此，我先提出几个考察这些概念的维度，以便形成基本的认识。

首先，这些概念的尺度不同。人民常被用在国家的层面，中国人民是一个超过14亿人的群体；一个社区由几百到几万名成员组成，而一个人的朋友圈平均也就一两百人。其次，这些概念有虚和实，抽象和具体的分别。规模越大的概念越抽象，规模越小的越具体。一个豆瓣小组的成员可以相约聚在一起，而生活在中国这个政治文化空间中的人民不可能同时同地，聚合成一个可见的实体。我们很难把握中国人民到底是什么样子，而难免会将自己的有限经验推广至宏大的规模，众多争论的根源或许就在于此。

我们不妨看看百度搜图的结果（图1）。大部分图片都

图1 用"人民"作关键词在百度搜图的结果

是以红色为基调，人民的革命色彩依然没有褪去。标语、口号、国家机构、宣传画（"人民利益高于一切"、人民大会堂、"为人民服务"）大约占了半数的图片，凸显"人民"这个概念的政治性和抽象性。在其余那些出现具体人群的照片中，最突出的元素是民族服装：一群身着民族服装的男女聚在一起就代表了中国人民。在前50张图片中仅有一张涉及"人民主权"这个概念：一位抱着小孩的妇女正将选票投入红色的投票箱，背后的红色横幅上写着"×××妇代会"。这张照片是2007年10月19日《青年时报》头版文章《人民民主是社会主义的生命：解读十七大报告发展社会主义民主政治的重要论述》的题图。

再者，这些社群概念的开放程度不同，有些边界清晰，有些边界模糊，有些强调稳定，有些强调流动。无产阶级、少数民族、班级集体、公司同仁，这些团体的成员都拥有明确的身份，在档案、户口本、学生证、工作证中以文字的形式固定下来，受到国家和市场机制的认可和保护。NGO志愿者团体、豆瓣上的小组、公园里老人组织的合唱团则可以相对自由地加入、退出，通常不受国家机制的限制和保护。这些群体的成员身份不具有本质性，而是因行为、兴趣、行动而产生，更多地强调自发性而非强制性。当下社群的形成越来越是自下而上的：自上而下、依靠国家机构组织的社群对年轻人缺乏吸引力。

阶级、族群的边界既是对内的——强调成员之间的共同之处,也是对外的——强调与其他阶级、群体的差异。无产阶级与资产阶级相对,少数民族与汉族相对。划分是阶级、族群存在的前提。在人群的划分上,社经地位依然是我们最敏感的维度。虽然过去的阶级词语——无产阶级、资产阶级、全世界无产者、劳动人民、工农兵——已经渐渐淡出,但新的词语又不断被发明和引入:白领、小白领、农民工、富二代等等。

对社会进行划分大体会出现两种模式:二元对立或多元共处。过去多采用二元对立的模式,进步的劳动人民对反动的资本家,革命群众对反革命分子。这种模式强调冲突、斗争、革命。改革开放后,社会阶层观逐渐取代了阶级对立观,研究者依照职业、资本、教育程度等维度将中国社会划分为多个阶层。2002年出版的《当代中国社会阶层研究报告》(陆学艺主编,社会科学文献出版社出版)最具影响力。中国社会被划分为10个社会阶层,即国家与社会管理者阶层、经理人员阶层、私营企业主阶层、专业技术人员阶层、办事人员阶层、个体工商户阶层、商业服务业员工阶层、产业工人阶层、农业劳动者阶层和城乡无业失业半失业者阶层。这些阶层中显然有强势与弱势之分,但阶层之间的流动取代了阶级之间的斗争。大家普遍希望向更具优势的阶层流动，加入他们，而不是要打倒他们。值得注意的是，2008年全球金融危机爆发，"占领华尔街"等西方社会运动提出了"我们是99%"（We are the 99%）的口号，再次启动二元对立的模式——99%的劳动者对1%的全球富豪。阶级对抗的观念是否会再次席卷全球，对全球资本主义构成有效的威胁，尚待观察。

在中国的都市年轻人中，多元共处是当下的主流价值观。大家关注的往往是规模较小的社群，而文化已经成为凝聚社群的核心动力。文化趣味当然与社经地位息息相关，但因后者而结盟会受到诸多因素的限制，从政治上的管控到文化上的陈旧感。因此，艺术与社群的关系日益紧密，这也是关于社群的讨论会出现在一本艺术期刊的原因。

二

随着网络和移动终端的普及，社交应用令社群的形成、维系和联结变得越来越便捷和紧密。同时，人与人之间的交往被记录、保存、跟踪、分析，交往内容成为信息，被数字化、图示化。信息可视化（data visualization）和信息图（infographics）的兴起是当下最重要的视觉文化现象之一。它们与社交网络相伴，让社群变得更可感。今天，任何一个

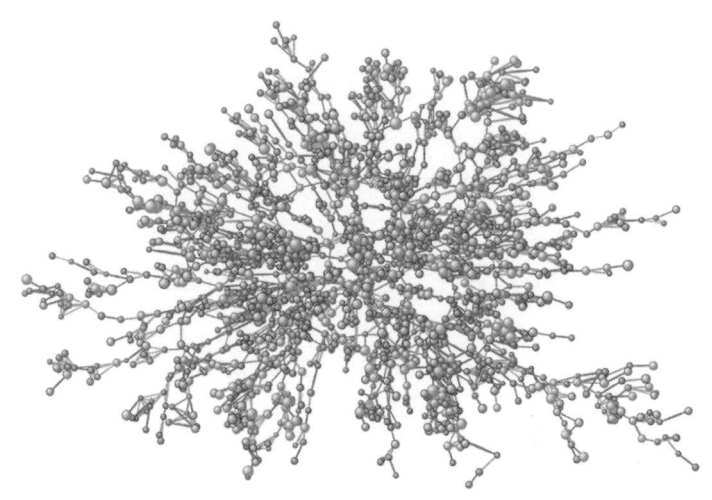

图2 肥胖与社交网络

微信或脸书（Facebook）用户都会同意170年前马克思所做的判断：人的本质是一切社会关系的总和。

在描绘社交网络时，几乎所有的视图工程师都会采用同一种方法：以点代表个体，以线代表个体间的链接，点的大小、颜色和线的粗细、长度被用来代表某些变量。（图2）出自一篇发表在《新英格兰医学杂志》的公共医学论文，[2] 作者

---

2. Nicholas A. Christakis and James H. Fowler, "The Spread of Obesity in a Large Social Network over 32 Years," *New England Journal of Medicine*, 2007, p. 357, pp. 370–379.

将1971年至2003年间美国麻省弗拉明汉姆镇的12067名居民的体重/身高比（点的大小）和他们的社交关系（线）绘制出来。我们可以清晰地看到胖人多和胖人交往，瘦人多和瘦人交往，肥胖随社会链接传播。社交网络图在社会学、公共医学、传播学等学科以及销售、营销等市场领域都成为重要的分析工具，越来越多的公司通过挖掘社交网络信息捕捉商业价值，越来越多的研究经费也在投向数据人文学。

社会生活的数据化、信息化、可视化会为社群带来怎样的变化？前文提到，基于行为、兴趣的社群（比如清晨傍晚在街头一起跳舞的老人）通常以自发的形式聚集，其成员身份并不以证件的形式固定下来，也不受国家和市场机制的管控。随着人们的交流转移到网络平台，本来外在于国家和市场的社群越来越容易受到国家和市场的监督。另一方面，随着信息采集的步步深入，那些原本规模庞大、无法确切描述的人群变得越来越可测量。比如，社会阶层的数据将越来越准确、细致，每个人都能快速为自己定位。到底谁属于那1%随时可查。"美国梦"和社会流动性或许会被大量数据证明只是神话。阶级身份是否会越来越明晰，再次成为每个人首要的、公开的身份标志？此外，每个人可以准确搜索到自己希望加入的群体（比如，喜欢植物的基督教徒），社群是否会变得越来越稳定、封闭？对公共生活至关重要的陌生人之间的偶遇和交流是否会越来越稀缺？

在媒体艺术领域，随着社交网络的兴起，社群也变得越来越重要。在延续早期媒体艺术针对视觉和技术所进行的实验性探索的同时，越来越多的创作者着力于将技术与社群结合。众包（crowdsourcing）是当下最常见的手法之一。艺术家构建一个网络平台，邀请公众参与，每位参与者只需完成少量的工作，艺术家再将大量参与者的工作聚合在一起形成最终的作品。2010年，为了纪念乡村歌手约翰尼·卡什（Johnny Cash），艺术家阿伦·科布林（Aaron Koblin）与音乐录像制作人克里斯·米尔克（Chris Milk）制作了网站thejohnnycashproject.com，邀请全球参与者利用网站的绘画软件逐帧手绘阿伦·科布林的最后一首音乐录像《不是什么坟墓》（*Ain't No Grave*），录像长2分51秒，包括1370帧画面。来自194个国家的超过56万人已经参与了这个项目。（见图3）网站会按照观看者的选择（最受欢迎的画面、最新画面、写实、抽象等）实时生成录像。

与此类似，作曲人埃里克·惠特克（Eric Whitacre）从2009年开始通过众包的方式制作虚拟合唱作品。他将自己谱写的乐谱上传到网站，邀请公众在家里演唱片段。他再将参与者传送来的视频汇集起来，加上后期动画，形成最终的合唱作品。2013年发布的《虚拟合唱团（四）》（见图4）包括

图3 thejohnnycashproject.com网站截图

图4 虚拟合唱团（四）截图

来自101个国家的5905位参与者贡献的片段。在这件作品中，参与者的视频被安放在虚拟城市大厦的一个个窗口，惠特克作为指挥则出现在一座大厦楼顶的大屏幕中。与他之前的作品一样，该作品充满了宗教色彩，惠特克总是赋予自己上帝的光环。

现有的众包作品都是邀请个体在私人空间完成相对简单、基于兴趣、不具有现实政治诉求的工作，艺术家再通过技术把众人的工作整合起来，将现实的异时异地转化为虚拟的同时同地。参与者之间并不产生交流；群体只是视觉形式，而非社会机制。媒体艺术作品能否促生不同规模、不同性质的社群，而非简单的"虚拟兴趣圈"，有待探索。

三

2012年10月，在高世名教授的提议下，我们在上海金泽组织了题为"人民的名字（Publics & Beyond）"的研讨会。来自文学、艺术、人类学、媒体研究领域的十位中外学者和艺术家吴文光、陈界仁、胡项城一道开启了对文艺与社群的讨论。一本是我们的第二阶段工作，收录了七篇论文。

身处雾霾中的我们都不难理解公有之物（commons）的重要性。公有之物并非国有财产（如公路），而是不可被占，被所有生灵共享的生态、文化、历史环境。法学教授乌果·马戴在他的文章中指出,现代社会之所以无力保护空气、水、土壤等公有之物,其历史根源在于17世纪科学范式崛起后,对事实的验证和对价值的判断被看作是截然不同的问题,[3] 分配正义因而被排除在现代法律体系之外。他提出,与商品不同,"公有之物乃是一个基于包容、开放、社群责任的,质的—生态学的范畴",我们需要借鉴传统社会的整体观,建立一套基于共享和协商的法律体系。文章尚未涉及的一个问题是规模:传统乡村的社群规模小、流动性低,公有之物是可感可及的。当代城市的规模庞大,如何让两千万人对一个城市的空气抱持公有之物的态度?

马戴教授除了教学和研究,也参与社会运动。他是罗马"占领山谷剧场"(Teatro Valle Occupado)运动的成员之一。这个运动正在尝试通过剧场的形式营造出基于"公有"(communing)理念的社会、政治、文化形式。有兴趣的读者可以参考他们的网站 teatrovalleoccupato.it。

接下来的三篇文章分别从中国、日本、美国的历史情境出发,通过具体的案例阐发了各个作者的社群观。

肖铁教授的文章详细梳理了民国初期,中国知识分子对

---

[3]. 社会学家布鲁诺·拉图尔(Bruno Latour)也认为"事实"和"价值"的割裂是当代社会诸多问题的根源。

"群众"这个新兴社会现象的理解和争论。争论触及三个关键问题:群众的行为是理性的还是感性的;情感是否有助于革命;无产阶级先锋与群众的关系应该是怎样的。文章的中心人物是青年哲学家朱谦之,他将中西思想结合起来,发展出一套独特的群众情感观。他对非理性群众的赞美,虽然与同时代人的观点不同,但在后来的土改实践中得到印证。今天,"众"(crowd)通过新的媒介再次成为重要的社会现象,围观、众包、众筹(crowdfunding)等近年来的热点观念展示了"众"在网络时代的崛起。20世纪的争论现在读起来依然新鲜,可以帮助我们更具历史性地考察"众"的演变。

水溜真由美教授的文章通过回顾森崎和江这位左翼作家在20世纪50年代至60年代的社会参与性写作,阐释了她对同化型共同体的拒绝与反抗。颇为难得的是,文章综合讲述了森崎的多个面向:在朝鲜长大的童年经历所引发的对日本殖民主义的反思;透过女性的生育体验来理解内在与身体的矛盾性;作为一名参与煤矿生活的活动家对矿工运动的反省。森崎相信联合,相信共同体,但在她看来,力图抹杀差异性,一味追求同质性的共同体是造成矿工运动失败的根本原因。反抗者在反抗强权的同时,务必要拒绝团体内部"无条件的同化"。

李善宇(Steven Lee)教授在加州大学伯克利分校任

教，研究少数族裔的先锋文艺。他的文章从四个案例——2006年的电影《波拉特》(*Borat*)，小说《荒谬斯坦》(*Absurdistan*)，一部关于二战时期韩裔哈萨克斯坦人的纪录片，以及1936年的音乐剧《马戏团》(*Circus*)——来检讨美国的多元文化主义和苏联的多民族主义。他生动地揭示了多元主义的局限性：差异只在一定程度上被容忍；少数族裔只能作为装饰，永远无法成为前台主角；文化容忍在某种程度上为阶级不平等提供借口。值得强调的是，对多元主义的批判是在承认其进步意义的基础上召唤更加平等的理念，而非要退回到极端民族主义，甚至是种族主义。

接下来的两篇文章，《一起》与《别扭的在一起》，刚好形成既有共同语言又有差异的一对。

理查德·桑内特教授是当代西方颇具影响力的社会学家和公共知识分子。他于1974年发表的《公共人的衰落》(*The Fall of Public Man*)为公共领域理论提供了诸多历史细节。40年后，他重访公共生活这个主题，详细论述了合作的意义与方法。他指出，在人际交往中，那些不依赖基本共识、看上去漫无目的、视对方为旅途同伴的对谈［他延用二十世纪苏联文艺理论家巴赫金的术语，将其称之为"对话"(the dialogic)］或许胜过那些具有明确路径、以达成共识为目标、视对方为辩论对手的谈话［"辩证"

(the dialectic)]。桑内特的文章并不涉及任何宏观的社群概念，但他对交往细节的分析无疑是建构社群理论的基础。

道格拉斯·克林普教授是视觉文化和酷儿理论的开拓者之一。他的这篇近作通过对安迪·沃霍尔1966年的电影《雀西女郎》(*Chelsea Girls*)的细致解读，内敛而坚定地提出"酷儿文化"的核心理念：一群不那么对劲，但互相理解的怪咖，酷，贪玩，在一起，别扭的在一起，在边缘，不同于异性恋的耦合（coupling），充满偶然、随机，没有所谓的大结局。他将电影的内容（沃霍尔的"工厂"聚集起来的各色人等）和电影的形式（没有固定程序的双投影）糅合在一起，不经意间为我们描绘出60年代非主流文化兴起的活力景象。克林普和桑内特教授的研究与写作都非常成熟，都能以举重若轻的方式在极具颠覆性的理论立场中融入真实的个人体验，不囿于空洞的理论推演。

《加密无政府主义者宣言》（后称《宣言》）是本书中发表最早的文章（成形于1988至1992年间），也是唯一一篇关于互联网的文章，它常被看作是比特币的思想源头。表面上看，文章的立场和本书的其他文章截然不同，作者似乎在鼓吹通过加密手段达到完美的自由主义。但作者设想的其实是对社会权力结构、知识产权的彻底颠覆，加密带来的恰是公开与信任。以维基解密为例，将美国政府的恶行公诸于世的解密者依赖的恰恰是加密技术（这样文件才能传输出来，解密者之间的联系才能避开监控）、无政府主义信念和比特币捐款。《宣言》提醒我们，网络带给社群的或许远不只是简单地将人与人的交流从线下搬到线上。

概括来说，本书的几位作者从不同角度探索着同样的问题：如何让社群像水一样保持动态的联结，既不蒸发为孤独的汽，又不冻结为极权的冰。

公有之物的现象学初考

[意] 乌果·马戴[1]

谭洁 译

---

[1] 乌果·马戴（Ugo Mattei），加州大学黑斯廷斯法学院"艾尔弗雷德与汉娜·弗罗姆"基金会国际法和比较法教授，意大利都灵大学民法教授。
Ugo Mattei: Alfred and hanna Fromm Professor of International and Comparative Law, University of California, and Professor of Givil Law, University of Turin.

公有之物不是特权之物。它是人民日常生活的必不可少的资源。每个人都有权平等享用公有之物，而法律则必须保证每个人都享有对公有之物平等和直接的使用权。每个人对公有之物都担有同等的责任，且共同承担着向后世传递公共财富的直接义务。与公有之物截然对立的是国家和由市场力量所塑造出来的私有财产，公有之物同时也是社会正义和解放的有力源泉。然而，今天它们已经被占据主导地位的、基于科学实证主义的学术论争深深埋葬。对它们自身的解放要仰赖于一种现象学意义上的真正转变，唯有如此它们才能发挥解放社会的功能。

在西方民主制度下，对社会正义的诉求是在（正在衰退的）福利国家体制中实现的。人们通常认为社会正义程序的途径是通过"第二代人权"来保证的，这需要国家履行具体的责任作为对其的尊重和保障。

这种认为政府负有满足社会权利的具体责任的看法在西方法律体系进化的过程中起了核心的作用。自从科学革命和宗教改革以来，社会正义已经被排除在私法领域之外。16世纪经院哲学对于法的概念——基于两种对于正义的理解：分配正义和交换正义——在现代西方法律体系的开端就被放弃了。从17世纪的格劳秀斯（Grotius）开始，对正义的考量被等同于独立个体间的契约性交易所包含的公平问题。分配被看作是对整个社会的而不是仅针对局部的，并被假定为一个社会现实。因此，对于分配正义的考量从法学中被剔除了。

17世纪，伴随着所谓的科学革命发生了另一重大的变化：实证主义范式和现代性的主导思维的崛起。[2] 根据这种观点，事实必须与价值分离，"是"的世界则与"应该是"的世界迥然区别开来。18世纪经济学作为知识的一个独立分支被发展了出来，它所采用的正是这样的观点。[3] 分配被完全当作是政治价值领域（应该是）的概念，而不是作为可测量的事实（是）。终于，在正义社会中资源应该被如何分配的问题不仅从法律中被驱逐，而且被经济学那自封的科学话语体系所排挤。

分配正义因而变成了由公法的国家机构和条例来处理的政治事务（如果还存在的话）。在20世纪早期诞生的福利国家制度被认为是一次不寻常的，敢于通过税收对条例和市场秩序进行干预的制度改革，其特定目的在于对社会中的弱势成员给予一定程度的社会正义保障。从那时起，在西方国家里，社会正义再也没能捕捉到权利话题的核心，并且最终只

---

2. Fritjof Capra, *The Web of Life: A New Scientific Understanding of Living Systems*, Anchor, 2004.

3. Mark Blaug, *Economic Theory in Retrospect*, 1st ed, Richard D. Irwin, 1962.

能任由财政危机摆布:没有钱,就没有社会权利![4]

公有之物的概念正好可以为日渐边缘化的社会正义提供必要的法律和政治工具。在国家和市场的双头垄断之外,公有之物作为一种制度化框架提供了一种另类的法律范式,服务于更为公平的资源分配方式。如果进行适当的理论化和政治化,公有之物可以发挥重要功能,即通过赋予人民直接行动的力量来将社会正义重新带回法律和经济的核心话语中。

发现公有之物

当下的视野认为,"公共"(政府领域)和"私人"(市场和私有财产领域)之间的对立以一种类似零和游戏的方式耗尽了所有可能。这种僵局是在今天的法律和经济领域仍然占据主导地位的现代主义传统的产物。它将公有之物从大众视野中藏匿起来。

公有之物所提供的服务常常被使用者们认为是理所当然的:他们中许多人从公有之物中获益但并不重视公有之物的本质价值,只有在当公有之物受到破坏并急需寻找替代物的时候,人们才意识到它的价值。

---

4. Ugo Mattei, Laura Nader, *Plunder: When The Rule of Law is Illegal*, Wile-Blackwell, 2008.

在某种意义上,公有之物有点像家务工作,人们从不留意这些工作是什么时候完成的。只有当碗碟没人洗了,你才留意它的价值。换句话说,直到失去了它,你才想念它。以海岸区域的红树林为例,在做出发展计划的时候,人们认为它们的存在是理所当然的,于是很轻易地就忽视了它们在海啸来临时对海边村庄的重要保护作用。只有当海啸来袭践踏村庄的时候,这种植被的价值才得以显现,[5] 而要建造一座具有相似功能的人工堤坝耗资巨大。

发现公有之物并且充分珍视它们在这个星球的生活生态中所扮演的角色不仅在政治上非常重要,对于任何严肃的学术努力来说也是必不可少的。公有之物不应因分析的目的而受限,它们需要一种彻底的全盘把握。正因此,将市场和政府的零和视野内化了的主流社会科学才无法抓住问题的核心。

可以认为公有之物的消失正是因为它们与西方"合法性"在最深层面上的结构性不兼容。这个合法性建基于普遍的个人主义及国家/私有制的二元对立。早在现代国家诞生前,古罗马的氏族就经常通过掠夺公有之物来拓展他们的疆土。恩格斯将这种公器私占的行为描述为欧洲经济发展的基

---

5. Lester R. Brown, *Plan B 4.0. Mobilizing to Save Civilization*, W. W. Norton & Company, 2009.

本模式。因而,西方法律绝不会保护公有之物,并且在破坏公有之物的历史中扮演了极为重要的角色。这似乎仍是认知资本主义发展的模式[6]:不妨想想对互联网上点对点(peer-to-peer)交换方式的起诉。

但是,对于平民来说,要想找到一个代表他们的人在法庭上控告那些企图掠夺公有之物的人是很难的。不论是历史上还是今天,那些能从公有之物上获益最大的并不是技术意义上的"拥有者",而常常是穷苦的农民(或许今天是年轻的互联网冲浪者),这些人没有进入司法系统的途径。让我们来回想一下,在早期资本主义发展的重要阶段,圈地运动是如何轻而易举地将英国农民变为受害者,从而为崛起中的制造业提供了大量必不可少的无产劳动者。因圈地运动和暴力招工将被剥夺了土地的农民变成了资本主义的劳动力,如果私有制和国家之间没有达成根本联盟的话,那么这些就不可能发生。[7]

公有之物被拙劣地理论化为一种市场及政府的例外状态,这种观点植根于西方法律主流视野的最初源头及本质结

---

6. James Boyle, "The Second Enclosure Movement and the Construction of the Public Domain", *Law and Contemporary Problems*, Vol. 66, 2003, pp. 33−75.

7. Michael Tigar, *Law and the Rise of Capitalism*, Monthly Review Press, 1977.

构中。一种社会事实就是这样变成了真实。

揭开市场 — 国家二分的面纱

当今世界的主流观点仍然认为私有制与国家是两个最重要的法律和政治制度。然而，"国家对私有"展现了一种虚假的二元结构，一种无差异的区分。国家不再是个体集合的民主代表。相反，它只是众多市场参与者中的一个。国家和私人利益勾结或联盟，同样的参与者（公司）站在等式的两边，这造成"公有物"框架几乎没有生存的空间，无论存在怎样令人信服的证据证明它的益处。

传统智慧将市场和国家呈现为一种根本的矛盾。它用一种神秘含糊的方式设定此二者具有一种零和关系：国家多等于市场少，市场少等于国家多。根据这种简化的方案，国家和私有制成为了典型的公共和私人对立的两极。不论从历史还是从现代的角度看，这幅图景都是完全虚假的。因为这两个实体，作为社会和生活的机制，只能是在结构上通过一种共构共生的关系链接在一起的。那被编造出来的二者之间界限清晰的对立反映出了个人主义传统的意识形态选择。这种矛盾在自由个人主义起源之初就产生了，这体现在洛克和霍布斯的著作中，他们分别是私有制和国家统治的倡导者。

这种简化方式隐藏了财产（市场）和统治（国家）之间

共享的结构，一种基于权力集中的结构。私有结构（公司）将他们的决策权和特权集中在一个主体（公司所有者）手中，或者集中在一种等级制度（CEO）中。同样，公共结构（官僚体系）将权力集中在统治层级的顶端。这两种原型都被嵌入一种基础结构：一个主体（个人、公司、政府）对一个客体（私有物、组织、领土）的统治。拥有共同结构的两个领域之间的虚伪对立是现代笛卡尔主义的简化、量化和利己主义思维的后果。

孤单、自恋、充满渴望的个体在产品、商品和外在物中寻找欲望的满足。这种贫困的关系境况导致了我们从自然中被异化（"我们拥有它，因此我们就不再是它的一分子"），它被科学地建构为"客体"，被用一种价格系统来度量，我们需要支付价格来满足各种复杂的、不断增长的"需求"。自由主义传统中典型的个人主义"虚构"（如《鲁滨孙漂流记》的神话）通过抹除社群经验的意识来引导市场需求。孤独的个体需要得越多，就会有越多的钱财被收集以满足他们。至此，基于有意义的关系的质的范式被量的范式降伏了。

不幸的是，生态与"系统化"思考——那些可以揭露个人主义积累对社区生活产生破坏性影响的范式——却明显地在当代政治中缺席了，部分原因是它将"社会科学"（尤其是微观经济学、政治学和市场营销）看作是它唯一的思想库。如微生物学家格莱特·哈丁（Garrett Hardin）在《公物之悲剧》[8]中著名的说法，"公物是无法之处，因而它成了废墟。"今天，那些依赖"个人"作为对象的国家和市场机制正是造成这些废墟的罪魁祸首。[9]

两种矛盾的世界观：竞争VS合作

个人的自私是哈丁的分析的核心假设。对经济人（Homo economicus）模型的粗暴应用解释了所谓"公物之悲剧"的后果（以及其学术成功）。"经济人"概念来自约翰·斯图亚特·穆勒的研究，在18世纪由亚当·斯密和大卫·李嘉图引入了主流政治经济学，他们二人都关注个体如何最大化的短期效用。哈丁的"悲剧"比喻通过将公地看作是一片无法之地延续了这个传统。根据哈丁的说法，公共资源是可以自由挪用的，因而它刺激了机会主义个体的积累行为，并且最终导致了具有破坏性且"无效的"消费。这种论证展示了这样

---

8. Garrett Hardin, "The Tragedy of the Commons," *Science* (December 13, 1968), pp. 1243-1248.

9. David Feeney, Fikret Berkes, Bonnie J. McCay and James M. Acheson, "The Tragedy of the Commons: Twenty-two years Later," *Human Ecology*, Vol. 18, No.1 (1990).

一幅画面，一个人被邀请去一个自助餐会，在那里所有食物都是免费的，他并没有想到与他人一起分享自助餐的这个好处，而是冲到餐台前不顾他人，极尽能事地堆积卡路里（以牺牲他人为代价），有效地用最短的时间尽可能消费最大量的食物。

"公地悲剧"强调了两种矛盾的世界观。占据主导地位的世界观基本上是社会达尔文主义，这种世界观将自然人和法人之间的"竞赛""挣扎""效法"看作现实的本质。处于劣势的世界观是一种生态学角度的、全盘的对世界的理解，这种观点是基于联系、合作和社群的。这种模型在一些"边缘"的社群组织中仍然存在，继续受到来自世界银行以及国际货币基金组织提出的所谓结构调整和全面"现代化"和"发展"计划的猛烈攻击。这些举措鼓励土地、在地知识的"商品化"，并用文化调整（强加的人权、法治、性别平等）作为其修辞为持续掠夺做出辩护。[10]

埃莉诺·奥斯特罗姆和她的社会科学家团队成功地累积了大量的实证，显示出合作型财产安排实际上是很成功的，个体并不一定去破坏他们的共享资源。奥斯特罗姆的工作不

---

10. Ugo Mattei, Laura Nader, *Plunder: When The Rule of Law is Illegal*.

可否认地在经济学理论中标志了一个重要的转折点。她的工作反驳了哈丁的悲剧说,然而她却忽略了一件事,即国家或公司(如果不考虑个体的话)的做法仍然会导致悲剧。一方面没有考虑平民之间激烈的历史、政治、法律斗争,另一方面没有考虑国家与私有制(资本)之间邪恶的联盟,故而奥斯特罗姆的研究结果在应用层面上是有限的。

马克思所描述的"原始积累"如今已经成为了一种体制现象,它的载体是中央集权化的国家结构以及因私有制和公司结构造成的资本集结。这个进程将普通(非机构的)人变成了受害者,生产出了一种野蛮的、少数对大家的剥削制度,并将其意识形态合法化。这样一种现象绝不止于英国的"圈地"法案。在海外扩张殖民时期,由约翰·洛克和其他学者提出的无主之地(terra nullius)学说证明了这种"悲剧生产"行为的制度本质。[11] 原住民作为人的状态遭到否认(他们被"降为"一种自然状态),因为他们并没有采纳私有制这种文明体制。在更晚近时期,统治的模式、体制的设置、圈地的叙事开始采用更为微妙的形式,但始终持续围剿着公有之物。

---

11. Ugo Mattei, Laura Nader, *Plunder: When The Rule of Law is Illegal*.

哈丁的比喻蕴含着极大的预言力量，尽管有奥斯特罗姆的批评以及其自身的缺陷，例如，公有之物为无法之地，恰是因为按照常理，外在于现代机制情境的"小民们"是尊重公有之物的。与此同时，"体制化的人类"通过国家和公司正在持续生产悲剧性后果。因而，奥斯特罗姆关于活生生的个体进行协作而非争夺的众多案例在拆解哈丁的论证时显得无力。这些案例并没有对体制化现实以及进行决策的真实权力构架有足够的考虑。事实上，奥斯特罗姆对于公物悲剧的批判有将注意力从问题本身移走的风险，让那些有权有势的经济和政治人物规避了造成"悲剧"的责任。

如上所述，学者们常常愿意接受似是而非的市场—国家二元机构，拒绝发展出一种更深刻的现象学意义上的对公有之物的理解，而后者可以更根本地打断商品化论述。将公有之物理解为商品实际上限制了我们对于它的众多可能类型的理解（自然的、社会的、文化的、基于知识的、历史的），并且阻碍了它们革命性的潜能和对一种彻底的、平等的资源分配的合法诉求。关于公有之物的研究都应该被更加彻底、仔细地检视，唯此我们才能避免再次生产出传统的机械论观点、将主体与客体分开、最终导致商品化。[12]

---

12. Gian Carlo Rota, "The End of Objectivity: The Legacy of Phenomenology",

再造常识

一种对于公有之物的现象学意义上的理解迫使我们不得不超越简化的"主—客"对立,这类观点造成二者皆被商品化。它使我们意识到:与私人和公共货物不同,公有之物并不是商品,它不能被简化为某种被拥有的状态。它们表现了一种质的关系。说我们拥有一件公有的货物是一种简化的说法。我们更应该考虑在何种程度上我们就是公有之物,正如我们是环境的一部分,是都市或乡村生态系统的一部分。在此,主体成为客体的一部分。因此,公有之物不可分割地联系并链接着个体、社群和生态系统本身。

这个整体观的革命拥有悠远的根源,从亚里士多德的存在论研究到晚近哲学家诸如胡塞尔和海德格尔。海德格尔使用诸如"奠基"(fundierung)[13]以及"关联"(relevance)来提示一个"客观"世界的终结(在所谓"客观"世界,主体与他们所观察的客体是分开的,个体与他们的环境是分开的)。新的整体态度也已经通过物理和系统生物学在自然科

Lectures at MIT, 1974–1991, Second Preliminary Edition, in collaboration with Sean Murphy and Jeff Thompson, 1991.

13. Martin Heidegger, *Being and Time*, trans. John Macquarrie and Edward Robinson, SCM Press, 1962.

学界浮现。这些学科都是基于关系的质的映射,而非量化的测量和伽利略、笛卡尔和牛顿的实证主义简化主义。[14] 尤其值得注意的是量子力学和爱因斯坦的相对论引起的知识学的重大革命。认知科学和意识研究这样的学科在尝试面对这场革命。尽管整体性革命在这些学科中已经进行得如火如荼,但它仍没有取得社会科学的拥抱。

我们只可使用现象学和整体观的视角来描述公有之物,这与上述的简化主义以及资本主义传统中以权利为基础发展出来的个人自治概念不兼容。从这个角度看,公有之物乃是一个基于包容、开放、社群责任的,质的—生态学的范畴。反之,财产和国家管制是量的—经济学的范畴,它们基于排斥(人为造成的稀缺):一种以个人为中心的权利修辞,即暴力也将权力集中在少数人手中。

这些洞见要求法学家面对困难和迫切的需求,为一个新的法律秩序建构基础,从而有能力超越现有秩序中的二元结构(财产/国家,主体/客体,公共/私人)。这种新秩序必须克服私有制、个人主义、竞争的主导地位,并将注意力转移到集体与公有之物上。最大的挑战是创建一套体制设

---

14. Fritjof Capra, *The Web of Life: A New Scientific Understanding of Living Systems*.

置，一种可支撑长期可持续性、完全包容全球平民——包括最贫困和最脆弱的人们在内——的设置。要达到这个目标，我们首先需要知识论（以及政治）的解放，从国家和私有制（当下具主导性的西方智慧的两个基本成分）的掠夺式的欲望里解放出来。

一次政治性转变

今天我们可以从身边的例子中看出——从全球变暖到经济危机——公有之物为我们提供了一种理解现实的根本且必要的转变。在这个情境中，公有之物帮助我们拒绝现代自由主义和理性主义的幻象。这是我们不能把"公有之物"仅看作私有制和国家之间的第三种道路（大多数当下讨论都有此意味）的原因。公有之物不该仅仅为西方历史的饕餮盛宴收拾残局（这是当代政治领域执迷的地方）。相反，我们相信公有之物必须被提升至一种体制结构的层面，真正质问私有制和它的意识形态机器及国家；不仅仅是第三条道路，而是对私有制和国家的同盟形成挑战。

我们需要改变主流智慧，在理论上、政治上：从主体（所有者或国家）对客体（领土或环境）的绝对占有转而关注这二者（主体—自然）的关系。我们需要一种新的常识，它承认每个个体的生存都依赖于他／她与其他个体、社群和环境的关系。要实现一种全局视野,第一个需要做到的关键转变就是从对量(科学革命和资本积累的根本观念)的重视转向对质的重视。

一种以公有之物为基础的法律系统必须以"生态系统"作为模型,社群内的个体或社会族群是水平链接的,权力是分散的。必须抛弃等级观念,支持参与和协作的模式,从而防止权力的集中,将社群利益放在核心。只有在这样的框架下,社会权利才能真正被满足。在这个逻辑中,公有之物不再仅仅是资源(水、文化、互联网、土地、教育),而是一种对现实的共同理解,从根本上挑战那似乎无法阻止的圈地运动和公司化趋势。

即便在刚刚发生过2008年戏剧性经济危机的今天,国家干预这种所谓的凯恩斯主义政策仍然将大量公共财富转移到私人部门。由私有部门和国家领域所共享的掠夺逻辑已经不能更明显了。我们所需要的是对公有之物的框架进行大范围的延伸:"少政府,少市场,多公有之物。"我相信,这才是重建一种不同的社会包容叙事的唯一方法。

非理性之魅惑

朱谦之的群众观

肖 铁[1]

罗国青 姚云帆 译

---

1. 肖铁,美国印第安那大学东亚语言与文化系副教授。

作者按：本文译自拙著 *Revolutionary Waves: The Crowd in Modern China*（Harvard University Asia Center, 2017）的第二章（个别处有所删改），在此感谢两位译者的工作。近20年来，欧美出现了一批研究现代群众话语、人民叙述的著作，比如，斯特凡·琼森（Stefan Jonsson）和斯坦福大学的群众研究小组就做了很多重要的工作。他们都强调群众的崛起是20世纪的核心叙述，都强调群众和现代性的关系，也都强调群众话语的国际性。但这些研究都以欧美为中心、为立足点，欧美之外关于群众的理论和文艺作品少有人涉及，更鲜有人把它们放在一个现代知识文化流动的语境下来考察。拙著是在这方面的一点努力，不仅希望在关于现代群众的故事里添上中国的一页，而且更希望以此反射出欧美案例的特殊性，而非普遍性。我的研究分析现代中国文化与政治想象中群众的核心性和历史性，更把中国群众话语放在20世纪上半叶的全球知识语境下，挖掘被忽视的跨国互动和差异，并以此审视革命时期现代群集想象的许诺和羁绊。

当知理知之时代已经过去了！……狂热的精神病者，正是恢复了他元来的心理，所以极其活泼，而且真诚的很。

——朱谦之

1919年，五四运动发生数月后，瞿秋白在一篇文章中，感叹道：在"群众（crowd）运动"中，个体不再听从理性的驱遣，转而被"狂乱虚浮的暗示"和"极端的情感"所辖制。由于"他的个性消失了（无意识的个性优胜）"，群众中的个人变得"轻信"，易被诱骗而轻率地牺牲自己。瞿秋白断言，群众"不能建立新的信仰和人生观"。[2,3] 瞿秋白对"群众运动中的牺牲者"所蕴含的高度暗示性充满戒备，呼唤一种理想化的摆脱了群众心理状态的"社会运动"。对他来说，"社会"和"群众"的区别正是理性追求和无意识本能的区别。1920年，瞿秋白作为北京《晨报》记者常驻莫斯

---

2. 瞿秋白：《社会运动的牺牲者》，载朱维铮：《中国现代思想史资料简编》第1卷，浙江人民出版社，1982年，第647页。（原载《新社会》第8期，1920年）

3. 鲁道夫·瓦格纳的研究显示，五四运动的学生领袖们首先用"群众运动"来指称他们的游行示威。参见Rudolf Wagner, "The Canonization of May Fourth," in Milena Doleželová-Velingerová and Oldrich Král, eds., *The Appropriation of Cultural Capital: China's May Fourth Project*, Harvard University Asian Center, 2001, pp. 69–82.

科时,上述区分仍然坚固地留存于他的思想中。他将"社会革命怒潮中的赤都"看作"俄劳动者社会心理的结晶",这种"社会心理"绝不可与"群众心理"同日而语——"群众心理的表现,大部分还只能如婴儿饥渴求饮的感觉。"[4]

仅有少数几部学术著作关注过民国时期中国文学中的群众再现(crowd representations),这些著作大多集中探讨这一问题:左翼人士将群众理想化为社会转型的动力,逐渐兴起的革命集体主义将群众的形象与政治主体这一观念结合在一起。[5]可是,瞿秋白却把群众看作一种危险的集合状态,它让个体在他人暗示下成为无助的牺牲品。这揭示了"群众"和作为政治主体的"人民"之间的紧张。在整个20世纪的上半叶,许多中国知识分子,无论他们自身的政治倾向如何,都在强调这样一种紧张。不仅如此,瞿的这一观点更有价值之处还在于它提醒我们,"非理性"这一既让人焦虑又让人迷醉的观念在中国知识分子对群众的想象中至关重要。在瞿秋白等思想家看来,群

---

4. 瞿秋白:《饿乡纪程》,载《瞿秋白文集》第1卷,人民文学出版社,1985年,第99页。

5. Marston Anderson, *The Limits of Realism*, University of California Press, 1990, pp. 180–202.Charles Laughlin, "Narrative Subjectivity and the Production of Social Space in Chinese Reportage, " in Rey Chow, ed., *Modern Chinese Literary and Cultural Studies in the Age of Theory: Reimagining a Field*, Duke University Press, 2000, pp. 26–47.

众导致病态妄想的勃兴，而同样在1920年代早期，对群众形象的另一种视角亦开始出现。这种视角认为，非理性和"极端情感"的流溢才是革命能量奔泻而出的必然基础。

在瞿秋白的"社会／群众"二分法中，处在群众之中的个体绝非社会运动中具有明确政治目标的行动者，群众与他所渴望的政治实践不可调和，因而只具有政治上的消极意义。五四刚结束后的瞿秋白对无知、轻信的群众的勾画并非自创。在五四运动后的20世纪20年代，许多知识分子对群众的看法与瞿秋白同出一辙。像"虚浮的暗示"和"极端的情感"这类表述，不过是当时用来描绘群众的一种心理—病理学语言（a psychopathological language）中语汇而已，这些词汇于19世纪晚期在欧洲出现，世纪之交时传遍全球。[6] 例如，瞿秋白对群众的描述其实来自国民党理论家胡汉民对古斯塔夫·勒庞（Gustave Le Bon）1895年的经典著作《群众心理》（*Psychologie des foules*）的一篇书评。为了完成这篇评论，

---

6. 贺麦晓已经挑战了用"五四"这一词汇来概括20世纪前20年诸多文学现象。贺氏认为，只有当我们不再把使用"五四"作为一种这一"限制性"有限的概念来建构"主流"，或许"五四"才能成为一个有效的思想史分期工具。而我试图证明，后来之后被边缘化但却没有被完全遗忘的朱谦之的哲学，不仅构成20世纪20年代一股重要的"反理性"思潮，还揭示了它与同时代盛行的其他思潮之间的争论。参见Michel Hockx, "Is There a May Fourth? A Reply to Wang Xiaoming," *Modern Chinese Literature and Culture* 11, no. 2（Fall）, pp. 40–52.

胡汉民不仅阅读了勒庞著作的中日译本，还参考了一位丹麦学者对"群众的道德"的研究。[7]

正是在这种群众心理—病理理论流行全球的情势下，青年哲学家朱谦之（1899—1972）倡导一种对革命群众的激进展望。他的群众观不仅与瞿秋白这样的思想家针锋相对，也与这些思想家的欧洲前辈们分道扬镳。可是，与此同时，朱谦之却同样"使用"了源自欧洲的群众心理—病理学语汇。[8] 通过考察朱谦之塑造"反知群众"的哲学话语与撒播全球的反理性—生机论话语（the discourse of irrationalism and vitalism）的关系，本文试图探索作为一种心理范畴的群众概念在现代中国的具体历史特定性（historical specificity）。通过借用19世纪晚期对情感的心理—病理学阐释，朱谦之拥揽了一种激情四溢而离经叛道的现代性途径，进而畅想一种集体绽出的本能形式，这种形式荡涤了现代中国思想界对"唤醒者"和"被唤醒者"之间僵硬的区分方式。在本文中，我最感兴趣

---

[7] 关于这种心理—病理学语言在19世纪末20世纪初的全球流布，请参见我的博士论文"In The Name of the Masses: Conceptualizations and Representations of the Crowd in Early Twentieth-Century China", The University of Chicago, 2011. 中的前言和第一章。

[8] 胡汉民：《吕邦的〈群众心理〉》，载朱维铮编《中国现代思想史资料简编》第1卷，浙江人民出版社，1982年，第555–571页。（原载于《建设》第1期，1919年8月）

的问题就在于他的借用方式和畅想手段。在本文的结尾，我试图提醒读者留意朱谦之的这种反理性视角与蒋介石的"厉行哲学"和共产党的革命话语之间的某些易被忽略的连接。

对当代"情感"（affect）理论的研究者们而言，朱谦之似乎具有某种先见之明，他对集体建构的情感维度的率先发明强调了"自动""无意识"和情感反应在政治伦理领域中的决定作用。像布莱恩·马苏米（Brian Massumi）这样的理论家就强调理性主义者们往往忽视肉身情感过程（corporeal affective processes）在思维中的作用。"affect"（情感）不同于"emotion"（情绪）：affect是"绝对身体性和自动的"（irreducibly bodily and autonomic），它是一种肉身力量（visceral force），无关乎任何意图或意义。而emotion"则是一种个人性体验在社会语言学层面上的定位（sociolinguistic fixing）"，因此，emotion包含了社会内容，[9] 而对朱谦之来说，"情"既指一种先于理性、外在于理性的情感力量（affect），又是社会政治认同的情绪基础（emotion）。在他于1921年完成的《革命哲学》中，朱谦之的激进观点是在以

---

9. 引用自Brian Massumi, *Parables for the Virtual: Movement, Affect, Sensation*, Duke University Press, 2002, p. 28. 对最近数年诸多领域"情感转向"的批评性综述，可参见露丝·蕾斯（Ruth Leys）2011年的文章, Ruth Leys "The Turn to Affect: A Critique, " *Critical Inquiry* 37, no.3（Spring, 2011）, pp. 434–472.

下几个核心观念——意识与无意识，理智和直觉，操控与自发——的对峙中展开的。本文一方面试图重新理解20世纪初叶的政治—思想因素对群众概念的多元决定方式，另一方面也试图探究不同的描绘群众的方式如何彰显了中国现代性想象中政治理性和情感本能之间互为辩证的表达。

"可不惧哉！"：舶来的群众心理学

自古以来中文便有包含"众人"含义的词汇（"众"或"民"），但"群众"这类语汇在20世纪初得以广泛使用却要归结于当时政治革命的发生、社会变革的加剧和现代大众文化的出现所产生的交互作用。正如郝大维（David Hall）和安乐哲（Roger Ames）所述，传统儒家认为，"民"这一概念既有贬义，又是褒称："民"既有盲目和被动的"原始特性"，又被看作"人性之潜源"。含义模糊的"民"和具备政治权利和责任的"人"之间的差异本质来说是文化上的："通过教育，一个不确定的'民'（the indeterminate masses 'min'）才能将自己转化为具有权威的'人'，并将这种人性彰显出来。"[10] 苏源熙（Huan Saussy）则指

---

10. David Hall and Roger Ames, *Thinking Through Confucius*, State University of New York Press, 1987, pp. 139-146.

出,在前现代中国的文学文本中,群众"并不被定义为能动者,而是被看作其他能动者施行的中介或材料……如果大众中的一部分人要承担能动者的角色,则其先要个体化,被赋予个体和动机"。[11] 自20世纪初开始,群众成为了现代中国政治修辞中不可或缺的成分。群众不再被看作只是一个受动的表面或媒介,而被认为具有可被动员或占有的内在渴望,可被释放或压制的粗蛮力量,可被赞美或畏惧的原始本能。而这一切都与"群众"作为一个社会心理学类别(a sociopsychological category)的发明密不可分,那么,集体身份的出现究竟导致了个体意识的丧失,还是向个体许诺了一条超越自身界线,臻于更伟大境界的道路?通过造反,群众是否能获得形、体及内涵的提升,还是依旧作为不稳定的集合,亟待他人的规训和辖制?组成群众的人能否在理性意识的指引下成为自觉自愿的社会政治行动者?还是说,他们不过是受非理性冲动和情感摆布的不负责任的躯体?在整个20世纪之中,无论位于政治谱系的哪一位置,中国的知识分子和艺术家们都迫切地要为群众命名,赋予它声音,唤醒它的身心。同时,他们也觉得,有必要先破解谜一样的群

---

11. Haun Saussy, "Crowds, Number, and Mass in China" in Jeffrey T. Schnapp and Matthew Tiews, eds., *Crowds*, Stanford University Press, p. 251.

众。为此,他们首先把注意力投向了各种西方的群众理论。以"群众"为中心的话语在中国的出现,与当时全球语境下 foule / folla crowd(群众)理论的跨国流行密不可分。对中国知识分子来说,这些理论既是分析"群众现象"的阐释性工具,也是批判的对象。

在19世纪晚期的欧洲,群体在政治和文化舞台上的闪亮登场,激发了人们对群众心理状况和行为的"科学"研究兴趣。[12] 在1885年至1895年间,意大利与法国的相关研究初现兴旺,而在20世纪早期,欧洲和美国的社会学家与心理学家进一步研究了群众所谓的不可预见性对当代政治体制的重要性。[13] 正如玛丽·伊斯特薇(Mary Esteve)指出的,从勒庞和加布里埃尔·塔德(Gabriel Tarde)等19世纪前辈们到弗洛伊德和卡内蒂(Elias Canetti)等20世纪思想家,"群众

---

12. Robert Nye, *The Origins of the Crowd Psychology: Gustave Le Bon and the Crisis of Mass Democracy in the Third Republic*, Sage. Nye, 1975. Susanna Barrows, *Distorting Mirrors: Visions of the Crowd in Late Nineteenth-Century France*, Yale University Press, 1981. Jaap van Ginneken, *Crowds, Psychology, and Politics 1871-1899*, Cambridge University Press, 2006. Stefan Jonsson, *A Brief History of the Masses: Three Revolutions*, Columbia University Press, 2010.

13. Leon Bramson, *The Political Context of Sociology*, Princeton University Press, 1961, pp. 47-72. Clark McPhail, *The Myth of The Madding Crowd*, Aldine, 1991. Daria Frezza, *The Leader and the Crowd: Democracy in American Public Discourse, 1880-1941*, trans. Martha King, University of Georgia Press, 2007.

(crowd)开始在当时正在形成的政治与美学追求中被想象为一种无处不在的,具有文化饱和性的现象。"[14] 从20世纪10年代到20世纪30年代,欧洲、美国和日本学者的群体和社会心理学论著被广泛介绍到中国:桑田芳藏、威廉·麦克道尔、西格蒙德·弗洛伊德、弗劳德·奥尔波特的群众理论全部在短期内被译成中文。[15]

古斯塔夫·勒庞并非群体心理学的唯一发明者——他的很多核心概念来自于意大利犯罪学家西盖勒(Scipio Sighele)、法国历史学家加布里埃尔·塔德(Gabriel Tarde)和法国医生亨利·傅涅雅(Henry Fournial)——但他却是群众心理学最成功的普及者。1860年,出生于中产阶级家庭的勒庞来到巴黎学习医学,他目睹了1869年至1871年间的血腥的大罢工,以及之后巴黎公社受到的残酷镇压。鉴于集体行动成为对中产阶级权力的严重威胁,勒庞认为,必须发展一门研究集体心智的科学,凭借这种科学,政治家们才能更好地领导和控

---

14. Mary Esteve, *The Aesthetic and Politics of the Crowd in American Literature*, Cambridge University Press, 2003, p. 2.
15. 请参见我的博士论文的第一章,见"In The Name of the Masses: Conceptualizations and Representations of the Crowd in Early Twentieth-Century China", The University of Chicago, 2011。

制群众。[16] 巴黎公社革命之后，勒庞通过撰写一系列作品，发展出一套"群众心理"理论，最终形成《群众心理》。在当时，医学界对催眠的暗示力和模仿的研究对勒庞产生巨大影响，他把群众的形成看作集体幻觉的结果。在勒庞用来描述群众现象的一系列观念中，"去个体化"是最为核心的观念：在勒庞看来，一旦成为群众中的一员，个人"就将受到一种集体心理的掌控，使得他的感情、思想和行为方式完全不同于他孤身一人之时"。在群众之中，"失去自己的人格意识"就成为个体的首要特点，他成为了"不受自己意志控制的机器人"。群众中的个人变得"肆意妄为，不可理喻，毫无理性和判断力，丧失批判精神，夸张地宣泄情感

---

16. 对法国19世纪中期以后下层阶级开始展示自己的力量，作为对这一现象的反应，群众心理学得以诞生，对此学者们有诸多讨论（Moscovici 1985:80；McPhall 1991:2-3）。可是，阿夫鲍尔（Apferbaum）和麦吉尔（McGuire）（1986）却指出，勒庞从来没用公社时期的事件作为自己的研究例证，他大多援引大革命时期的材料。这种引用的空白既可以被解释为"一种单纯的压抑"，也可被看作一种"进行冷静分析的企图"。

参见Serge Moscovici, *The Age of the Crowd: A Historical Treatise on Mass Psychology*, trans. J. C. Whitehouse, Cambridge University Press, 1985, p. 80. Clark Mc Phail, *The Myth of the Madding Crowd*, Aldine De Gruyter, 1991, pp. 2-3. Erika Apfelbaum and Gregory R. Mc Guire, "Models of Suggestive Influence and the Disqualiflcation of the Social Crowd" In Carl Graumann and Serge Moscovicl, eds., *Changing Conceptions of Crowd Mind and Behavior*, Springer-verlag, 1986.

等等"。[17]

"我们将要进入的时代本质上是**群众的年代！**"——勒庞这句不详的预言激发了后世的持续回响——尼采和詹姆士各自宣称，自己活在"群众世纪"和"群众的时代"[18]，而最近的一本研究著作更是进而宣称："'群众的时代'便是现代性的定义。"[19] 章锡琛（1889—1969）可能是将勒庞的这一句耸听危言引入中国的第一人。1913年，他的名为《群众心理之特征》的长文在中国最有影响力的综合性刊物《东方杂志》上发表。[20] 章锡琛自学了日文，他的文章主要基于早些时候发表于《东亚之光》的一篇日文文章的观点。在文章中，章氏将群众看作无理性、情绪化因而极度危险的存在。通过他的译介，欧洲学者描述群众心理状态的几个常

---

17. Gustave Le Bon, *The Crowd: A Study of the Popular Mind*, T. Fisher Unwin, 1897, p. 6, 12,16.

18. Mary Esteve, *The Aesthetic and Politics of the Crowd in American Literature*, Cambridge University Press, 2003, p. 2.

19. Jeffrey T. Schnapp, "Mob Porn," in *Crowds*, Stanford University Press, 2006, p. 3.

20. 这篇文章并没有提及勒庞，但此文实际上就是对勒庞群众心理学说的一个总结。章用"译述"这个词来描述他的工作。章锡琛（1913）的文章后来被选入《心理学论丛》。后者属于在当时广为流行的丛书《东方文库》（1923—1934）的一种。这一文库编印了当时《东方杂志》登载过的主要文章，共计120卷。

用术语，例如"暗示""个性消失"和"幻觉"，得以进入中文。在文章的最后，章锡琛警告读者："故用得其道，则可以成大事，立大业；用失其道，则大罪巨恶，一发而不可制，呜呼，可不惧哉！"章锡琛似乎没阐明的是，人们到底是该"惧"怕群众心理本身呢，还是该"惧"怕对"群体心理学"这种学说的误用呢？

章锡琛含混其词的警告并未带来直接反响——勒庞的著作并未立刻被广泛翻译。一直到1918年，著名的"尚志学会"[21]的两位成员杜师业和吴旭初才完成了《革命心理学》的第一个译本，该译本包含勒庞论群体心理的几章内容。同年，《戊午杂志》发表了钟健闳翻译的勒庞的经典著作《群众心理》的片段。1920年，同样由钟健闳翻译的《群众心理》全译本问世。[22] 同一年，杜师业和吴旭初推出的另一

---

21. 1909年，范源濂在北京成立尚志学会，会员有梁启超和张东荪等人。学会提供免费课程和结业证书。该学会与北洋政府中的重要政治派系"研究系"关系密切，并以创办梁启超引导的宪政研究社而闻名，从1910年开始，该学会倡导立宪论。关于该学会的简介和其出版著作目录，参阅李文裿：《北平学术机关指南》，北京图书馆协会，1933年，第39页。

22. 《戊午杂志》出版的译本包含《群众心理》第一部的四章和第二部的第一章，标题为"原群"。1920年全译本出版时，钟健闳将标题改为《群众》。1918年时，"群"和"群众"都被用来指涉"crowd"这个概念，五四运动后，"群众"超越了"群"，成为更加广为流传的用语。关于"群""群众"及其他过渡概念的探讨，不在本文范围之内。

译本由商务印书馆出版,并被收入著名的尚志学会丛书。[23] 1919年,亨利·柏格森在写给勒庞的信中提道:"您的仰慕者和朋友比您想象得多。"[24] 他说的没错。哲学家张东荪(1886—1973)提到,到1918年,在中国学界,勒庞已经成为"国人当已习闻其名"的作家。实际上,他一直把一本英文版《群众心理》看作"枕中秘本"。[25] 到20至30年代,这一"秘本"的各种中文版已经重印了十多次了。[26]

五四运动之后,勒庞的"群众心理"观念很快风靡中国知识界。五四运动时,群众的力量通过示威游行强有力的公开展示出来。这激发了知识分子对群众心理和行为的兴趣。《新青年》和《新潮》等颇具影响力的杂志广泛使用了这个词汇。"五四"之后的知识分子,已经目睹了其付诸大众政治的行动,勒庞对群众的含混描述成为他们不可避免但又颇

---

23. 除了参考英译本,两位译者可能也参考了大山郁夫(1910)和葛西又次郎(1914)同名为《群众心理》的日文译本。
24. 引自Robert Nye, *The Origins of the Crowd Psychology: Gustave Le Bon and the Crisis of Mass Democracy in the Third Republic*, Sage, 1975, p. 155. 在原文语境中,柏格森暗示,在法国科学院,勒庞的拥趸远比他所想象的多得多。
25. 张东荪:《革命心理序》,《革命心理》,上海商务印书馆,1918年,第1页。
26. 至1928年为止,杜师业和吴旭初的《群众心理》中译本已经重印6次,而在1932年上海商务印书馆被日军炸毁后不久,这一译本又于第二年继续再版,并延续整个民国时期。泰东和大兴书局也重印了几次钟健闳的译本。

具问题的参照。对那些反对民主政治和大众动员的政客来说，勒庞对群众心理的诋毁成为他们要求群众远离政治的借口。例如，胡汉民指出，1919年2月20号，在上海举行的南北和平会议上，与会者"建议关门协商"，以"免受群众心理的影响"。[27] 即便是瞿秋白那样的"左倾"知识分子，也认为勒庞的理论具有权威解释力。胡汉民指出，在当时，将爱国运动贬抑为"不过是一种无意识的群众心理的举动"这类的言论蔓延四散，比比皆是。

在这种贬低群众的理论氛围中，如何能想象一种自觉自主，甚至具备革命性的集体绽出（collective emergence）？在勒庞思想的阴影之下，人们还有没有赞誉群众的可能？面对这一问题的人并非仅有中国的激进思想家朱谦之，20世纪早期的西方左翼知识分子和行动者也在思考这一问题。勒庞及怀有类似观点的理论家的保守的群众心理学对呼唤群众运动的左翼人士构成了一个严重的理论挑战。在勒庞其追随者们眼中，群体革命总体上代表了道德和进化挫败，它最终会导致社会的退步。正如罗伯特·内耶（Robert Nye）所说，

---

27. 胡汉民：《吕邦的〈群众心理〉》，朱维铮编《中国现代思想史资料简编》第1卷，浙江人民出版社，1982年，第555页。（原载《建设》第1期，1919年8月）

这些理论家发展了一套"反社会主义修辞",其"目的在于贬低左翼群众运动的动机和正当性"。[28] 理查德·贝拉米(Richard Bellamy)则更明确地指出,这些群众理论把"群众行为与各种道德和社会恶行连在一起",其背后是"更广义的关于社会解体、失序、失范的理论"。[29] 在当时,欧洲的社会主义者们竭力避免使用"群众"(foule/crowd)一词,[30] 而卡尔·考茨基(Karl Kautsky)那样的左翼思想家则激烈反对勒庞的群众理论。不过不同版本的群众理论确实流行于左翼圈子,比如在1930年代的德国,"在德国革命媒体中,"本雅明写道,"'群众'这一含混不清的概念,以及对群众情绪的毫无鉴别的描述,已经让人们习以为常。这一形势无疑让人们产生了大量错觉,这些错觉已经对德国的

---

28. Robert Nye, *The Origins of the Crowd Psychology: Gustave Le Bon and the Crisis of Mass Democracy in the Third Republic*, p. 172.

29. Richard Bellamy, "The Advent of the Masses and the Making of the Modern Theory of Democracy." in Terence Ball and Richard Bellamy, eds., *The Cambridge History of Twentieth-Century Political Thought*, Cambridge University Press, 2003, p. 71.

30. Apfelbaum Erika and Gregory R. McGuire, " Models of Suggestive Influence and the Disqualification of the Social Crowd," in Carl Graumann and Serge Moscovici, eds., Changing Conceptions of Crowd Mind and Behavior, Springer-Verlag, 1986, p. 32.

无产阶级造成了灾难性的后果。"[31] 因此,对激进思想家来说,回应那些将革命群众贬低为病态主体的理论,并构造他们自己的群体造反理论,至关重要。

在此引用本雅明在《机械复制时代的艺术作品》(第二版)中的一段注释可能会帮助我们在全球语境中理解朱谦之二十年代革命理论的重要性及新意:

> 我们必须注意到无产阶级的阶级意识……从根本上改变了无产阶级大众的结构。具有阶级意识的无产者仅仅从外部看来,也就是在其压迫者的心中,才是一个紧密的实体。当他们致力于自我解放之时,这一看似紧密的实体已经开始松动……恰恰是增进团结的工作带来了无产阶级大众的松动……勒庞等人的"群众心理学"的研究对象,即那个不可穿越的紧密群体,是小资产阶级构成的实体。小资产阶级不是个阶级,它实际上仅仅是个群体……在这个群体中,群众心理学所描述的情绪因素确实是一个决定性因素。但是,正因为这样,这种紧密的群体形成了无产阶级同志的对立面,后

---

31. Benjamin Walter, *Selected Writings, Volume 3: 1935–1938*, Michael W. Jennings, Howard Eiland, and Gary Smith, eds., Harvard University Press, 2002, p. 129, fn. 24.

者遵从的是团体的原则。……一旦我们能清晰地区分上述两个群体,即紧密的小资产阶级群体和具有阶级意识的无产阶级大众,它的操作意义也就清楚了……法西斯主义意识到,它越是可以动员紧密的群体,小资产阶级的反革命本性就越有机会在他们的反动行为中呈现出来。另一方面,无产者正为一个新社会做准备,在这个社会中,形成那种紧密群体的主客观条件都将不复存在。[32]

本雅明试图将统一的阶级意识从"紧密群体"之中抽离出来,可是他区分上述两者的方式仍未能清除勒庞群众理论的结构特征。这种区分仍未摆脱理性／非理性、正常／病理的,这样贫乏的二元对立。"情绪因素"是决定"群体"的关键,无论这一"群体"是小资产阶级的,还是"松动"前的无产阶级的。本雅明认为:正是压迫者们迫使无产阶级成为紧密的群体,这一结论恰恰呼应了《共产党宣言》中的断言:"工人的大规模集结,还不是他们自己联合的结果,而是资产阶级联合的结果,当时,资产阶级为了达到自己的

---

32. 引用同上注。这一版写于1935年12月至1936年2月初之间,是第一版的扩写或修改。为人们所熟知的《机械复制时代的艺术作品》共存四个版本,此处我选用埃德蒙·约夫科特(Edmund Jephcott)和哈利·佐恩(Harry Zohn)最近的译文。

政治目的，必须暂时，而且只能够将无产阶级发动起来。"但是，马克思和恩格斯指出，在这一阶段，"无产阶级不是和自己的敌人做斗争，而是和自己敌人的敌人做斗争。"因此，本雅明一边想着勒庞对病态群众的描述，一边建议对无产阶级进行"减压"，通过消解紧密的集结，无产阶级群众得以"重构"为"阶级"。在他看来，这种无产者的"减压"须通过接受启蒙的"介导"（mediation），因为拥有阶级意识的并非普罗无产者，而是他称之为"战术师"的"群体"。正因为如此，本雅明在上述论证中并没将紧密的小资产阶级集体看成普罗无产者的"对立面"，而是将其看作"服从集体理性之号令"的"无产阶级骨干"的对立面。要想不再仅仅"被本能反应控制"，而"转化至行动者"，无产者必须遵照"战术师"的指引将"最明晰的"阶级意识灌输到自己的大脑之中。通过政治上的重新组织，无产阶级先锋用转化思想和净化民众本性的手段，使普罗群众升华为无产阶级组织。本雅明所表述的这套学说成为20世纪马克思主义思想的通则，从列宁和瞿秋白这类思想家中，我们都可以听到这一学说的回声。瞿秋白对自发群众怀着深深的疑虑，将"社会运动"理想化；而本雅明则坚持认为，只有完成从"群众"状态向"阶级"领域的升华过程，无产阶级的革命能动性才得以生成。与上述两位思想家相反，朱谦之重新解释了构成群众的"情绪要素",进而表达了一种全新的关于"政治介导"(political mediation)的畅想,这种政治中介将不与大众政治运动的自发性对立,由此,他也将根本性地挑战勒庞的学说。

拉克劳(Ernesto Laclau)指出,两个核心假设成为早期西方群众心理学发展的理论前提,而勒庞的理论亦以这两大假设为基础。首先,"大众现象与拥有理性形式的社会组织之间的分界线与常态和病态之间的分野完全重合。"第二,"在大多数情况下,理性和非理性的区别大体上与个体和群体之间的区别重叠。"通过彻底重新思考"人民"作为历史行动者,拉克劳试图挑战了"对大众的贬低"所留下来的政治遗产,从而让"民粹主义"不再成为"病态"的"反常"现象(勒庞就是这么认为的),而变成"一条让我们得以进一步理解政治的本体构成的康庄大道"。[33] 拉克劳认为,"人民"这一政治主体是在"我们"与"他们"之间的对抗斗争中形成的,并只有通过多种异质诉求的联结才能形成(而这些诉求的满足被永久延迟)。只有存在多种异质诉求,"人民"这一新的政治行动者才得以出现。而"人民"并不具有超越性和本质性;相反,它植根于表现过程中的激

---

33. Ernesto Laclau, *On Populist Reason*, Verso, 2007, p. 29, p. 67.

进的情感投入。拉克劳认为，勒庞的群众心理学无法理解社会能动性的本质就在于他"以不可玷污的理性之名，无视民粹主义者们的情感寄托"。[34] 而我们将看到，在朱谦之对革命的理论阐释中，这种"正常"和"病态"以及"理性"和"非理性"的二元对立起了一种生成的作用，与此同时，朱谦之也有意模糊了这种二元对立，或按拉克劳的说法，他"污染"了这种对立。

"真情的命令"

朱谦之出生于福州的一个精英家庭，他父亲是一位耳鼻喉科专家。1917年，他移居北京，就学于北京大学，他一开始读法学预科，后来主修哲学。在为《北京大学学生周刊》这一带有无政府主义倾向的刊物工作时，他号召学生罢考，并贴出了据说是现代中国的第一张大字报，这张大字报恳请蒋梦麟校长停止颁发学位，因为朱认为学位把知识变成了"赃物"。他是五四运动的积极参与者。1920年10月9日，当他的一位朋友因为夹带"中国无政府主义革命纲要"这份朱谦之主笔的文章而被捕时，他去警察局自首，以换得朋友

---

34. Ernesto Laclau, *On Populist Reason*, Verso, 2007, p. 29, p. 67.

的开释。朱谦之被判三月徒刑,在服刑期间,他试图自杀。《革命哲学》这一著作大部分完成于他入狱前后。[35] 尽管英租界当局禁止出版此书,并对出版商课以五百元罚金,这一出版于1921年的著作还是重印了四次。20世纪20年代,吴稚晖(1865—1953)将朱谦之看作"最近中国思想界的四位代表人物"之一——其他三位是胡适、梁漱溟和梁启超。朱谦之通过对勒庞经典著作《群众心理》的逆读,大加赞美本能的情绪和非理性的直觉本能、冲动和无意识。《革命哲学》这一著作是五四运动之后对理性主义和功利主义具代表性的批判。在杜威(1919年5月至1921年7月)和罗素(1920年10月至1921年10月)访华讲学之后,上述两种思潮曾经风靡一时。

在勒庞和他的中国追随者们看来,群众是一个心理——病理实体(a psychopathological entity)。理智官能的降低和情绪反应的激化是这一实体的特征。因此,群众缺乏"主体上的"理性基础,从而无法自主和自觉。[36] 可是,即便这种

---

35. 朱谦之:《回忆》,现代书局,1928年,第13-33页。
36. 我在此借鉴了米克尔·博什—雅各布森对勒庞群众理论的分析:"群众中所蕴含的悖论体现在它的同一化并不是基于共识,而是基于'主体'基础的缺失(the absence of any 'subjectal' ground)。"参见Mikkel Borch-Jacobsen, *The Freudian Subject*, trans. Catherine Porter, Stanford University Press. 1988, pp. 138-139.

理论描述是正确的,这些被非理性本能和极端情绪驱遣而行动的群众能否具有"革命能动性"也要取决于人们如何定义"革命"。因此,朱谦之群众观的阐述并没有从对群众进行不同的描述入手,而是先重新界定革命自身的含义。

陈建华的研究显示:晚清以来,"革命"一词经由中国—日本—欧洲三地的意义转译和价值重估,不仅将王朝暴力更迭这一古典观念包容于现代革命语词的多重形态,而且还与社会达尔文进化论和现代历史意识联系在一起。革命的观念与历史进步的普适观念结合起来,而以自然选择和生存竞争为要义的社会达尔文主义主导了历史进步的观念,因此革命被看作是民族或国家生存的紧迫使命。[37] 许多晚清思想家和民国知识分子将这种进化论的发展模式当成最核心的伦理价值观和形而上学世界观,以此来把握中国在世界历史中

---

37. Chen Jianhua, "Chinese, 'Revolution' in the Syntax of World Revolution" in Lydia Liu, ed., *Tokens of Exchange: The Problem of Translation in Global Circulations*, Duke University Press, 1999, pp. 355-374.

的位置。[38] 为了反对这种认为发展和进步主宰历史的主流线性进化史观，朱谦之提出了"虚无主义进化论"这种历史循环模式。

朱谦之将革命看作"进化"，但他却不认为进化仅仅是沿直线轨迹不断趋向完美的进步过程。与流行的进化发展观念相反，朱谦之提出了所谓"从'无'到'有'和从'有'到'无'"的"永远的流行"；而且，他还认为，"现在是'有'了，所以现在的进化史向着'无'的路上跑"。只有革命的毁灭之力才能推动这种"消灭现在"的进化。[39] 朱谦之所不屑的进化论思想和他的"虚无主义进化"之间的差别不只是两种看上去相反的进化轨迹（适者生存和"有归于无"）。在20世纪初，西方开始出现反对自然选择理论或

---

38. 引用自James Pusey, *China and Charles Darwin*, Harvard University Press, 1983. Andrew Jones, *Developmental Fairy Tales: Evolutionary Thinking and Modern Chinese Culture*, Harvard University Press, 2011. 正如浦嘉珉（James Pusey）所述，向完美进化的决定论思想并非来自达尔文，而是中国知识分子对社会达尔文主义的理解的一部分。朱谦之说道："很可惜现在有一帮人，只管胡叫乱喊的，说什么物竞天择，什么生物互助，好似除了这种进化论以外，便没有进化学说。"参见朱谦之著，《革命哲学》，泰东书局，1921年，第17–18页。

39. 朱谦之，《革命哲学》，第24页、第28页。

其他认为进化反映的是自然的外在机械过程的理论。[40] 和当时一些欧洲思想家们一样，朱谦之不相信自然选择和突变说。朱谦之认为，进化／革命并非受外在环境影响而做出的改变／适应，而是源于人类内在天性的消长变化。趋向"无"的虚无主义革命进化并非一种对空的追逐，而是对自身内在驱力的复返，这一驱力就是朱谦之所谓的"情"："'情'就是本体，是真实，是个性自存的实体。"在朱谦之看来，从"无"向"有"的进化（"有"包括情的本体，也包括宇宙中的万物）是一个"将真情理知化"的实用主义过程，它使得尘世简化成被理性技术宰制的冰冷客体，从而令人性消失。为了抵消理性对情的侵蚀，朱谦之号召进行一场全新革命，这场革命将荡涤一切阻碍情感发扬的障碍阻塞，因为唯有真情才是"个性自存的实体"。[41] 通过引用心理学的先驱、德国心理学家冯特（Wilhelm Wundt）的情感理论，朱谦之提出了他"反知复情"的革命说。

在冯特看来，人类首先是情感动物，人们原初的情绪状态是他们行动和心智的源头。情感过程为主动行为的发展

---

40. Peter Bowler, *The Eclipse of Darwinism: Anti-Darwinian Evolution Theories in the Decades around 1900*, The Johns Hopkins University Press, 1992.

41. 同注39，第54页。

提供了足够的基础；在冯特的理论体系中，单纯的理性选择不可能存在，只有情感驱动的过程才能解释人类意识的统一性。[42] 正如科特·但泽奇耶所述，[43] 对冯特来说："只有情感状态才无处不在，而正是这样，意识才能呈现出它独特的统一性。"阿瑟·布鲁门塔尔（Arthur Blumenthal）指出，在冯特看来：情绪先于认知，因此"理性思考不过是覆在更为基本的情感驱动过程上面脆弱的装饰"。[44] 作为一位认真的读者，朱谦之借用了冯特的两个观点：首先，在意志活动中，情感占据首要地位；其次，相对于认知和智力，情感相对来说具有优先性。这两点对他重新衡量群众都起了重要作

---

42. Kurt Danziger, "The Unknown Wundt: Drive, Apperception, and Volition," in Robert W. Rieber and David K. Robinson, eds., *Wilhelm Wundt in History: The Making of a Scientific Psychology*, Kluwer Academic/Plenum, 2001, pp. 95–120. Arthur Blumenthal, "A Wundt Primer—The Operating Characteristics of consciousness." in Robert W. Rieber and David K. Robinson, eds., *Wilhelm Wundt in History: The Making of a Scientific Psychology*, Kluwer Academic/Plenum, 2001, pp. 121–144.

43. Kurt Danziger, "Wundt and the Temptations of Psychology." in Robert W. Rieber and David K. Robinson, eds., *Wilhelm Wundt in History: The Making of a Scientific Psychology*, Kluwer Academic/Plenum, 2001, p. 80.

44. Arthur Blumenthal, "A Wundt Primer—The Operating Characteristics of consciousness," in Robert W. Rieber and David K. Robinson, eds., *Wilhelm Wundt in History: The Making of a Scientific Psychology*, Kluwer Academic/Plenum, 2001, p. 135.

用（我稍后再详述）[45]。朱谦之和同时代大多数思想家将情绪看作理性机制的断裂不同，朱认为："鉴于情的发动，在'知'之先，知识是附属于情的第二段作用，故知识是情的派生"，是它"涣散下来的东西"。[46]

朱谦之承认，革命行动依赖于意志，后者是"情"和"知"混合而成的。[47] 在19世纪晚期，冯特带领他的莱比锡实验室通过分析实验者面对能激发情绪的暗示或经验时的心跳频率来研究情绪和意志行为的关系。冯特认为，人的一切心理状态是不断变换的情绪引起的波动场域的各种变形。意志是情感的一种加强形式。[48] 朱谦之扩展了冯特的看法，他断言，一旦意志被施压或被强化，"便是意依

---

45. 朱谦之承认冯特对他的影响，却没有指明来源。尽管冯特的《心理学导论》直到1923年才被译成中文，但当朱谦之写作《革命哲学》时，康符已经在1921年发表了介绍冯特学说的长篇文章，该文介绍了冯特的民族心理学理论，可是朱谦之在他的群众心理学中有意避开这个领域，某种程度上因为他对民族这一观念保持怀疑，可是，康符对冯特的情绪学说未做详细介绍，而朱对这个方面进行了深入探讨。

46. 朱谦之著，《革命哲学》，第45页。

47. 同注39，第47页。

48. David Robinson, "Reaction-Time Experiments in Wundt's Institute and Beyond." in Robert W. Rieber and David K. Robinson, eds., *Wilhelm Wundt in History: The Making of a Scientific Psychology*, Kluwer Academic/Plenum, 2001, pp.161-204.

于情的时候",可是,"当意志弛缓的时候",就"趋向了'知'",成为"不进化的死的迷妄颠倒,丝毫不得自由"。这是因为,意志低于情感,意志"里面有理知分子,还没有涤除净尽",理或知更是如此,"它不是革命的心的要素,实际上,它更是'革命之敌'"。朱谦之还补充道:"所以革命的好处,正在于用真情来激励行为,以至于利害关系如何,那就管不了那么许多。"因此,他断言:"当知理知的时代已经过去了。"[49]

在朱谦之看来,为了恢复被人为的理性过程所遮蔽的原初情感,就必须经历四个阶段的革命:政治革命(资产阶级对贵族阶级的革命)、社会革命(无产阶级对资产阶级的革命)、无政府革命(无政府主义者对所有政治机构),以及最后的虚无主义革命。资产阶级革命和无产阶级革命尚不足够,无政府主义革命也不过是通往最后革命的过渡阶段。在他看来,前三阶段的革命已经过去,他所奏响的是最终革命的号角——一场虚无主义的、宇宙的革命:"我们最后的冒险"就是要"毁灭太阳的光、月亮的光、世界一切的光和世界自己"。这种对宇宙革命这一终极理想的信仰令他的主要讨论化约为形而上学。朱谦之强调,为了恢复真情的本体,

---

49. 同注39,第43页,第46页,第53页。

由自由个体自愿组成的无政府组织,以及一切生命和物质性真实最终都要被消灭。正如孙隆基指出的那样,在他1919年发表的《太极新图说》的论述中,朱谦之已经发展了自己的新"无"论,这一理论以宋明新儒家们的学说为基础。朱谦之断言,作为宇宙原则的太极产生于"无"之中。[50] 但在《革命哲学》这本书中,朱谦之却在勒庞《论物质之进化》的一个新译本中,发现了支持他虚无哲学的论据。在这篇文章中,勒庞断言:一切物质最终在以太中消失。通过借用叶芝(William Butler Yeats)的表述,朱谦之宣告,他的革命最终会抵达一个"无物即是万物,无身即是万身"的境界。[51] 尽管朱谦之的提案看上去极为激进与不切实际,但他的虚无主义革命观却是对章太炎十多年前一个号召的回应。章太炎否认革命意味着任何有价值的进步,他相信邪恶是人性的一部分,并由此提出了"五无"理论:"无政府""无聚落""无人类""无众生"和"无世界"。这才是他相信的

---

50. Sun Lung-Kee, "Mystical Aspects of May Fourth Thinking", *Republican China*, vol 12, 1986.

51. 朱谦之:《革命哲学》,泰东书局,1921年,第221–225页。《东方杂志》1915年12卷第四号和第五号登载了勒庞这篇文章的中译。后来,该文章被收入东方文库中的一本文集《宇宙与物质》中,这篇文章不仅引起了朱谦之的注意,也引起吴稚晖等"五四"其他重要知识分子的兴趣。

唯一进步。[52] 慕唯仁指出，对章太炎来说，"历史不过是盲目业力造就的结果，而非理性精神的高歌猛进。"[53] 只有经历"五无"的过程，我们才能回到"诸法空相"之中。章太炎和朱谦之都表现了对彻底革命的渴望，并对彻底消灭"此刻"充满向往。

和章太炎的"五无"理想一样，朱谦之毁灭一切的虚无主义仅仅停留于观念，而未付诸实施。在朱谦之看来，实施这场革命需要的不是理性分析，而是一颗革命之心。在朱谦之看来，"组成革命心理的要素，只有情意，没有知识的"，[54] 而"革命行动，也不过是'真情'的流行罢了"。理性主义者将集体狂热控诉为非理性的和病态的，这种观点集中表达在陈独秀在1919年撰写的文章《我们究竟应不应当

---

52. 关于章太炎"五无"思想，以及他对达尔文进化论的批判，参阅浦嘉珉 Jams Pusey, *China and Charles Darwin*, pp. 413-419；关于章太炎立足佛教思想对进化论的批判，可参考慕唯仁 Viren Murthy, *The Political Philosophy of Zhang Taiyan: The Resistance of Consciousness*, Brill, 2011；在《革命哲学》中，朱谦之没有引用章太炎的文章，但他后来承认，在否定一切的无政府主义观点上，他和章太炎一致。参阅朱谦之：《无政府主义批判》，载《朱谦之文集》第1卷，福建教育出版社，2002（1959）年，第273页。

53. Viren Murthy, *The Political Philosophy of Zhang Taiyan: The Resistance of Consciousness*, p.164.

54. 同注39，第53页，第59页。

爱国》之中。朱谦之反对这种观点：[55]

> 却不知狂热的精神病者，正是恢复了他元来的心理，所以极其活泼，而且真诚的很，反之，那些沉溺于理知的人们，他无处不顾忌依稀，就无时不和心的自然状态反背；看他常常用大力把持住，使应时而生的反动力量无形消灭，就知道理知派才是变态心理，而任情的革命家反不然了。[56]

而在另一段文字中，朱谦之也挑战那些让人们坚持理性怀疑主义而不放任于情绪行动主义的知识分子："反正我是受了本性自然性的冲动，也可见比那做知识奴隶的强得多了。呀，我的血已经沸了！我已叫着我去破坏去了！你呢？你没有血？你没有真情？"[57]

朱谦之的这种表述生动地呼应了《革命哲学》的四首序诗中"沸腾之血"这一形象。在其中的一首诗中，作者郭沫若（1892—1978）幻想着："我渡过血涛滔滔的黄海／你们

---

55. 《独秀文存》收录了朱谦之和陈独秀几封激烈而又有趣的通信：朱谦之称陈独秀为"未来的专制魔王"，陈独秀则反击朱谦之幼稚之极。

56. 同注39，第59页。

57. 同注39，第53页。

吐出浑身底血液来／把海水都染红了……快在这血河中添一点血哟！／快在这血海中添一点血哟！／教那血涛滔滔的黄海／把全球底海水和盘染红！"而郭沫若的创造社同仁郑伯奇（1885—1979），延续了"黄海"的意象："我们准备着血来洗污浊的黄海哟！我们拿着火轮般的爆弹去欢迎光明的太阳哟！"这两首诗都以放肆而近乎迷狂的呼号，证明他们对暴力和拯救性情感强烈的信仰。[58] 对于朱谦之和他的同道来说，革命就是"真情的命令"。[59]

林郁沁和李海燕等学者研究了情感在构想和建设现代中国主体和社会政治秩序中的历史意义。朱谦之对"真情"的渴望，以及其他知识分子对"群众心理"的普遍兴趣和焦虑，都与19世纪末到20世纪初引入的一种前所未有的情绪化人格和内心模式密不可分。李海燕指出："这种新发明的内

---

58. 另外两首序诗的作者是郑振铎（1898—1958）和袁家骅（1903—1980）。郑振铎的诗为："青年之血——沸啊，沸啊，／神圣之泪——流啊，流啊／把撒旦的宝座烧掉吧，／把撒旦的宝座漂掉吧！"袁家骅则这样写道："嗵……嗵……嗵！／血钟响了！血钟鸣了！血潮起了！血潮涌上来了！光明钟啊！光明潮啊！"朱谦之的《革命哲学》被收入《创造者丛书》第2编。朱谦之的革命哲学对创造社美学的影响尚待研究。朱谦之，《革命哲学》，泰东书局，1921年，第7—22页。

59. 同注39，第122页。

心空间被看成个体真实所在和个人欲望及行动的源泉。"[60]朱谦之对"真情命令"的信仰也延续了封建晚期对"情"的膜拜，它认为个人自发的感情是主体性和道德权威的基础。可是，朱谦之借以定位其哲学思想，并衍生其"情"之含义的观念语义网络不仅包括这一对"情"的膜拜，更将19世纪晚期产生，在20世纪初跨国流行的关于心智的心理—生理学话语（the psycho-physiological language of the mind）涵纳了进来。冯特和贝恩（Alexander Bain）等心理学家们将心灵构想为一个心理—生理学范畴，正如著名心理学史家科特·但泽奇耶所指出的，在这些心理学家的著作中，"心灵状态依赖于具体的生理事件，人的情绪既是心理性的，也是物理性的。"[61]这种情绪的物理学理论与带有宗教内涵的心理学范畴分道扬镳。托马斯·迪克森（Thomas Dixon）将其称为19世纪"心理学的世俗化"。在这一过程中，物理学和生理学方法代替了神学人类学手段，成为把握情绪运作机制的主

---

60. Eugenia Lean, *Public Passions: The Trial of Shi Jianqiao and the Rise of Popular Sympathy in Republican China*, University of California Press, 2007.
Lee Haiyan, *Revolution of the Heart: A Genealogy of Love in China, 1900–1950*, Stanford University Press, 2007, p. 137.

61. Kurt Danziger, *Naming the Mind: How Psychology Found Its Language*, Sage, 1997, p. 64. 但泽奇耶认为："物理和心理语言的分离是个现代社会的产物，这一分离在19世纪远未完成。"同前，p. 52.

要方式。冯特的"心理—物理"实验室,以及贝恩·斯宾塞(Herbert Spencer)和达尔文的工作对这一世俗化过程产生了重要作用。[62] 朱谦之正是用这种物理学词汇描述情绪/意志/理智的工作机制。例如,他写道:当真情"弛滞"时,它就变成僵化的理知;当意志"紧张"时,它就"依于"情感,从而得以"伸缩"。这种对"情"的阐说需要在上述语境下来理解。下文我们将会看到,朱谦之将这一新的认识论框架应用于激进的政治哲学之中,尽管他对心理学术语的借用方式足以让冯特等心理学家瞠目结舌。

换句话说,一边是情感作为主体性基础的内在空间在现代中国的发明,一边是世俗化的心理学理论在全球范围内的广泛传播,朱谦之的"情"这一概念的历史性正处于这两个事件的交叉点上。历史特殊性并不仅仅体现在他认为情感优先于认识,也在于他所谓的"情"比民国时期盛行于文化生产与公共领域的浪漫情绪和道德情感更为原始(primal);它更体现为"情/意/智"三分法代替了儒学"情性之辨"中最核心的"情/欲/礼"。如迪克森和但泽奇耶所说,将情感看作是一个与理性/理知和意志相对立的类别是一个晚近

---

62. Thomas Dixon, *From Passions to Emotions: The Creation of a Secular Psychological Category*, Cambridge University Press, 2003, pp.135–173, 206–230.

发明，[63] 朱谦之"情／意／智"的结构与19世纪盛行与欧洲的心理学对人心灵结构的三分法有着密切联系。自封为"唯情主义者"，朱谦之将情感与理性相对立。人的"情"不是被社会道德和理性化的习俗所桎梏，而是流转运行，毁灭一切道德、经济和社会政治体制。如果说革命的最终目标是为了恢复被理性所障蔽的"情"，那么什么可以推动革命行动，又如何接近被遮蔽的"情"呢？

"非理知的态度"

究竟是什么因素激发了革命行动？朱谦之的答案与瞿秋白和陈独秀这样的激进革命派知识分子完全不同。在他看来，革命的动力并非产生于理性思考或知识觉醒，而是发端于本能冲动。朱谦之的想法需要在20世纪早期被艾略特（T. S. Eliot）称为全球"柏格森主义传染病"的历史情境中来理解。[64]

如陈志让（Jerome Chen）所言，"在近四分之一世纪的

---

63. Thomas Dixon, *From Passions to Emotions: The Creation of a Secular Psychological Category*, pp.135-173, 206–230. Danziger Kurt, *Naming the Mind: How Psychology Found Its Language*, p. 64. 但泽奇耶认为，上述情感／意志／理性的三分图式产生于18世纪晚期的浪漫主义思潮中，而在19世纪，心理学家又用一系列准物理术语对于这一图式进行了重新解释。

64. T. S. Eliot, "A Commentary," *The Criterion* 12, no.46（Oct., 1932）, pp. 73-79.

时间中,柏格森成为中国政治家和哲学家们关注的核心;他对中国知识界的影响超越了杜威和罗素,堪比达尔文和马克思。"[65] 在20世纪10年代,柏格森的活力论被介绍到中国,钱智修盛赞这一学说,认为它是"受物质文化桎梏之国人的最好药方"。[66] 包括李大钊、梁漱溟和张东荪在内的重要知识分子也成为柏格森的拥趸。20世纪30年代早期,柏格森的主要作品以及同时代大量的柏格森研究著作被翻译成中文。[67] 史书美对"五四"思想家们借用柏格森学说的方式进行过研究,她发现,这种借用"显然在为论证科学发展的理性模式服务",因此"与柏格森的理念背道而驰"。例如,五四时期的哲学家冯友兰、方珣重新解释了柏格森的本能和直觉学说,对柏格森的反智主义进行了充满理性主义色彩的"误读",这种误读与早期现代主义者对科学技术的礼赞更为接近,而与"全盛时期的现代主义者们对科学技术的不信任截

---

65. Jerome Chen, *China and the West: Society and Culture, 1815–1937*, Indiana University Press, 1979, p. 186.
66. 钱智修:《布格逊哲学说之批评》,《东方杂志》第11卷第4期,1914年。
67. 吴汉全:《论伯格森哲学在中国的传入》,《大庆高等专科学校学报》第15卷第2期,1995年,第13–17页。

然不同"。[68] 与上述"误读"不同,朱谦之则将柏格森的观点融入他自己的激进革命理论,非但没有调和柏格森思想与科学主义与实用主义的关系,反而将创造性冲动和直觉这两个柏格森学说中的反智观念推向了极致,最终形成了一种有关革命行动和革命方略的激进学说。

由于不满意达尔文的自然选择学说,柏格森提出了自己的"创化论"。他认为进化的动力在于élan vital——一种潜在而有目的性的内驱力,凭借这一驱力,生命反抗充满惰性的物质限制。与适者生存的机械性进化论不同,柏格森试图证明:作为一种有机而连续的现象,进化过程实际上是生物内在驱力的作用。[69] 虽然朱谦之一直引用柏格森,但他却远离万物进化"递次演进"这个观念,而是将"创造冲动"这一柏格森概念与进化过程中的抵抗强力联系在一起(柏格森

---

68. Shih Shu-mei, *The Lure of the Modern: Writing Modernism in Semi colonial China, 1917–1937*, University of California Press, 2001, pp. 60−63.

69. Henri Bergson, *Creative Evolution*, trans. Arthur Mitchell, Henry Holt and Company, 1911. Peter Bowler, *The Eclipse of Darwinism: Anti-Darwinian Evolution Theories in the Decades around 1900*, The Johns Hopkins University Press, 1992.

仅仅稍稍提及了后者)。[70] 由此,他得以将活力论吸纳进他的理论框架,进而将"创造冲动"重新定义为导致革命性破坏的原初动力。这种动力是植根于"情"之中的一股本质能量,在真情得以展开的历程中,这股能量不断与外在障碍争斗角逐。朱谦之断言:"革命就是一种创造冲动……不能排除,而且应该任他自由做去,非何等实力所能强制他的。"[71]

朱谦之强调:革命的创造冲动必须与罗素在《政治理想》(1917)中所谓的"占有性冲动"区别开。[72] 罗素提出了建立相应的社会政治体制发展"创造或建设性冲动",从而控制"占有性冲动",后一种冲动"仅仅热衷于获得和保留不能分享的私有财产"。[73] 朱谦之同意罗素的看法,要

---

70. 例如,柏格森指出在特定情况下,伴随着"爆炸性的力量","创造冲动"可以转化为"强烈的冲击","可以战胜一切抵抗,清除那些最强大的障碍"。参见Henri Bergson, *Creative Evolution*, trans. Arthur Mitchell, Henry Holt and Company, p. 98, 271.

71. 同注39,第35页。

72. 1920年,在罗素来华讲学时,吴蔚人和刘衡如立刻将《政治理想》翻译为中文。在20至30年代,该译本极为流行。关于罗素对冲动的双重理解和《政治理想》产生语境的研究,参阅Philip Ironside, *The Social and Political Thought of Bertrand Russell: The Development of An Aristocratic Liberalism*, Cambridge University, 1996, pp. 97–80, 126–145.

73. Bertrand Russell, *Political Ideals*, The Century Co, 1917, p. 8.

求打破物欲对人的主宰。但是,作为一个无政府虚无主义者,他反对任何具有权威性的管理体制,包括罗素提出的那些体制。朱谦之与罗素更进一步的区别在于:两者对冲动的本质有着不同的理解。罗素从未有意赞美人的直觉,即"创造冲动"的"自然"展现,[74] 后来他用"科学性情"(scientific temper)代替了"创造冲动"作为西方文明的基础。与罗素对照,朱谦之认为"真冲动"发自本能而非理智,因为,"它是与生俱来、不学而能的,故没有那种左思右想迟疑踌躇的性质。"[75]

在朱谦之看来,是本性中的原动力激发了革命行动,人心中由内向外的冲击焕发为革命意志。对柏格森来说,真正的生命之流不可能被分割,更不可能被分析。理性的分析过程,仅仅将我们置于"停滞而僵死的处境",因此理性"自然无法理解生命真谛"。[76] 想要洞穿自然科学包裹在真实世界的扭曲表象,人们必须依靠直觉。直觉才是"以生命本身的形式塑形",凭借它,人们才能直接把握真实。通过直觉

---

74. Philip Ironside, *The Social and Political Thought of Bertrand Russell: Development of An Aristocratic Liberalism*, Cambridge University, 1996, p. 159.

75. 同注39,第43页。

76. Henri Bergson, *Creative Evolution*, trans, Arthur Mitchell, Henry holt snd company, 1911, p. 165.

和本能,"人们让自己沉浸于客体之中,与它独一无二、无以言表的本质融为一体。"[77] 朱谦之把柏格森的直觉观念移植到他的革命理论,他认为:"直觉法对革命的真价值"在于"直觉能亲证本体,……这正是科学方法的没奈何"。[78] 毫无疑问,朱谦之对直觉的推崇并非仅与对绝对知识的形而上追求有关。朱谦之批判那些鼓吹科学理性的知识分子:"(他们)只从旁观者的角度,去估量劳动者,却不知劳动者心中的意思罢了。"相反,凭借直觉,真正的革命者与他的观察对象合而为一,从而能洞察他们的内心。朱谦之坦言:"用直觉的方法,表面上似乎无思想、无知识,而且犯了神经过敏的毛病,其实这种'无思'思之的元知,比由推知所得的,更确实可靠。"与20世纪10年代晚期和20世纪20年代盛行于中国的"科学主义"和理性主义相反,朱谦之力倡所谓"非理知的态度"。他力图证明,理性思维和科学方法都是为功利而宰制现实的手段,因此,科学和理性思想都是"贵族的思想","那些代资本家张目的大学教授,自然喜欢提倡他"。而真正的革命哲学,"是根于情感的直觉,

---

77. Henri Bergson, *An Introduction to Metaphysics,* trans. T. E. Hulme, Putnam's Sons, 1912, p. 7.

78. 同注39,第78页。

为有生俱来不学而能的东西,而且什么人都有,故这种思想,是平民的"。[79]

受柏格森哲学的影响,朱谦之断言,直觉能为理性所不能为之事,它能让我们直接把握真实。直觉并非一种工具,而是一种思索官能。只有彻底抛弃资产阶级的功利主义理性,人才能获得绝对自由,从而达到朱谦之所谓"一念真实"的境界。[80] 朱谦之的这一作品凸显了五四运动之后思想界中理性与情感/直觉之间的紧张。[81] 许多知识分子和政治活动家号召读者不要沉溺于情感之中,而应坚持理性的怀疑主义立场。可是,朱谦之却把情感和直觉重新引入政治运动话语之中:情感和直觉非但不会毁坏人的自觉意志和理性能力,而且还是产生革命精神和革命行动的根本要素。在朱谦之看来,只有依靠直觉,革命志士才能变得果断:"革命是本能的冲动,所以只管率性而行,都是不会错的,至于瞻前

---

79. 同注39,第102–103页。
80. 同注39,第104页。
81. 郭沫若也表达了这一紧张。在一篇告白文字中,郭沫若坦诚如自己一般的青年心中的矛盾。他采取一个更为中庸的立场:"真理要探讨,梦境也要追寻。理智要扩充,直觉也不忍放弃。我看……宜扩充理智的地方,我们尽力去扩充,宜运用直觉的地方,我们也尽量去应用。"郭沫若、宗白华、田汉:《三叶集》,亚东图书馆,1920年,第44–45页。

顾后而自夸为'谨慎'的人,其实都是懦夫。"[82]此处朱谦之的观点回应了法国著名历史学家儒勒·米什莱(Jules Michelet)盛赞纯洁无邪的初民(primitive people)时所用的高雅表述:"反思的思想只有通过一系列的决断和商讨,才能变成行动,由于中间步骤甚多,思想常在付诸行动的途中夭折。相反,由本能激发的情思一下就可变为行动,甚至几乎就是行动本身,只有在此刻,知行合一才并非妄想。"[83]如果理性思想家们都是懦夫,谁才是真正的革命者?朱谦之将反理性的情感哲学看作革命的兵刃,而群众天生拥有革命的潜能。这一点是下一部分探讨的主题。

"反知的群众"

如果认知和意志行动,如朱谦之所说,是人类情感本能的产物,那么群众经验迸发出的情感力量让他得以从与理性主义完全不同的角度来解释革命行动。朱谦之非但没有挑战极端情绪与政治行动之间的联系,而是赞美意志形成过程中的情感因素。他批评勒庞是"保守主义者,极力排斥神秘的

---

82. 同注39,第84页。

83. Jules Michelet, *The People*, trans. John P. McKay, University of Illinois Press, 1973, p. 113.

情感的论理",并强调"实际上,神秘的情感之论理乃是革命的福音"。[84] "……(群众)不受理知的束缚,除真情外,没有什么的。真情!真情!试看翻山倒海的革命运动,那不是由真情发动?"这种对本真内心情感的深深膜拜,和对以现实为基础的理性,使得他责难勒庞和他的追随者们:"群众的行为,本脱然于理性之外。所以吕邦一流,要用科学的态度,去解释群众心理,怎能发现他的真价值呢?"朱谦之重新检视了勒庞对群众心理的主要描述,其时经由章锡琛的传播,这一描述得到了瞿秋白及其他众多知识分子的赞同。勒庞认为:处在群众中的个体无限度地轻信他人,充满极端情感,且毫无理性。可是,朱谦之却认为,这话"不但不足排斥群众心理,而且反证出……群众有的是极端的真情,没有的是冷静死的理性"。勒庞对人格看法的错误在于,他过于强调自控和理性能力。而对朱谦之来说:"群众运动的好处,即在于他把'情'的个性,尽量发挥,也唯有这'情'的个性——无意识的个性——才是真实的个性。把真实的个性来代替皮相的个性。"[85]

朱谦之畅想了一种本能形式的大众觉醒:"群众运动正

---

84. 同注39,第175页。
85. 同注39,第126–128页。

是社会上各个人普遍的自觉,这种自觉,是本能的,不是理知的……无知的'知'才是无上普遍的'智慧',而吕邦所认为智慧的部分,则不外虚伪的差别的理知而已。"[86] 对于那些将激进主义者贬斥为"无思想,无意识,而且犯了精神过敏的毛病"的观点,朱谦之反驳道:

不知革命家观察实施,本来用直觉的方法。……所以表面上好似是废绝思想,其实这种"无思"思之的元知,比由推知所得的,更确实可靠。[87]

非理性的、情感的、本能的群众是天然的革命者,而群众思维才是真正的革命哲学。

朱谦之认同群众具有非理性本能的特点,他所反对的,只是勒庞站在理性主义立场去评价这些特点。对他来说,恰恰因为群众是非理性的,受本能驱动,且具有极端的情感,他们才是天生的革命者。朱谦之的群众学说转化了勒庞对群众蔑视性的描述,浪漫幻想一种"不假思索"的理智,在分析思维开始运作之前从群众中蓬勃而出。恰恰是非理性的情

---

86. 同注39,第124页。
87. 同注39,第175页。

感直觉，而不是瞿秋白所期盼的"积极怀疑"，更不是任何理性推理，才能激发群众的革命行动。换句话说，在主流知识分子盛赞理性的20世纪20年代，朱谦之针锋相对地提出了评价政治行为的另一种标准。在瞿秋白和陈独秀等人呼吁人们警惕非理性的迷狂时，朱谦之却高调赞扬未经过反思的意识，并认为它具有无与伦比的革命价值。他认为，这样一种未经过反思的意识来自于所谓的"反知群众"，通过情感冲动和内心直觉得以爆发。

朱谦之的反理性主义的革命观也导致他拒绝庸俗马克思主义的经济决定论。自20世纪初，机械决定主义的历史观和自发的行动主义（voluntary activism）之间的冲突，一直是中日马克思主义者们试图解决的一个核心问题。20世纪10年代晚期到20世纪20年代初，以河上肇（Kawakami Hajime）为代表的日本马克思主义者们提出了双重观：他们接受用经济决定论来解释社会发展，却又坚持对于主动性至关重要的一种不变的道德感的存在。[88] 山川均（Yamakawa Hitoshi）和杉山荣（Sugiyama Sakae）等马克思主义者亦同意河上肇的看法，他们都强调马克思主义中的能动要素，它对于无产阶级革命

---

88. Gail Lee Bernstein, *Japanese Marxist: A Portrait of Kawakami Hajime, 1879–1947*, Harvard University Press, 2000.

和阶级斗争来讲是必需的,但也保留经济基础一定的决定性。河上肇的学生李达将这些马克思主义者的著作译成了中文。[89] 在日本马克思主义者的影响下,中国早期马克思主义者们,如李大钊和瞿秋白,试图平衡人们内部意识的"主动主义"和外在历史进程的"必然性":经济规律决定了物质社会的存在和发展,相对于此,意志的历史角色是有限的。

为了调和他们自身的行动主义倾向和经济决定论之间的矛盾,20世纪20年代的中国马克思主义者们试图在经济决定论的框架内承认有限的自发行动。和他们不同,朱谦之却完全拒绝了经济决定论,而将情绪看作革命的驱动力。他批评马克思"忽略了心理学的作用"。他认为,历史不是一场以生产方式为中心的阶级斗争的编年史;相反,历史"是两种不同思想相冲突的历史。一是主情意的思想,便是革命哲学;一是主知的思想,便是保守思想;……前者是代表创造欲,后者是代表占有欲"。[90] 由于感受到经济决定论和革命意志论之间的紧张,朱谦之对如下观念深恶痛绝:环境具有一种自动的效果,社会变革无非是生产发展的必然结果。他

---

89. Nick Knight, *Li Da and Marxist Philosophy in China*, Westview Press, 1998, pp. 51–53.

90. 同注39,第153—154页。

深信，情感直觉和非理性冲动可以点燃人们的自愿的革命行动。他嘲笑庸俗马克思主义，认为它"把理想那样东西，也看作不过物质的影子"。[91] 朱谦之反对唯物主义历史观，正如卡斯蒂里亚迪斯（Cornelius Castoriadis）[92] 所言，这种观念中"作为社会主义革命核心要素的大众自发行动始终处于次要地位"。朱谦之对这一观念的批判应该被看作是一种伸张"反知群众"的自主创造性的历史地位的努力。

"我就是群众，群众就是我"

在介绍朱谦之对勒庞群众学说的重新评价之后，我将转而考察朱谦之如何通过对勒庞群众操控理论的批判来表述一种集体生成论。朱谦之不仅将非理性的群众重新阐释为革命大众，而且畅想了革命群众内在生命力和政治中介之间的辩证机制。

朱谦之很清楚勒庞群众理论危险的内涵及其意识形态

---

91. 同注39，第133页。

92. 参见Cornelius Castoriadis, *The Imaginary Institution of Society*, trans. Kathleen Blamey, Polity Press, 1987, p. 31. 卡斯蒂里亚迪斯对唯物主义历史观的观察与他反对"过高评价党的地位"的观点息息相关，似乎只有党掌握历史"理性"的知识，这一批评对列宁主义特别适用。在《革命哲学》中朱谦之也做出了类似的批判。

后果。在勒庞的描述中,一位驱遣群众盲目信从自己的操纵者处于核心地位。正如勒庞所述,这样的群众轻易就被暗示(suggestion)引导;个体迅速融合成一个集体心灵,好似"被催眠的人被催眠者玩弄于股掌之中,不能自拔"。[93] 塔德(Gabriel Tarde)也认为,具有传染性的"模仿"是群众形成的核心要素。两位理论家都描绘了类似的图景:在受到高度暗示的群众团体中,个人意志瘫痪,极度轻信,毫无自主意识。

在19世纪末20世纪初,"暗示"成为心理学理论中的核心概念。在弗洛伊德看来,暗示是一种特殊的心理影响过程。凭借暗示,"人们在不思索其来源的前提下接受某个外来观念,仿佛这样一种观念自发地产生于自己的脑中"。[94] 自西方心理学被引介到中国之始,中国的研究者们就对这一观念的可翻译性存有争议。为了让中国读者更好地理解这一新概念,章锡琛在描述完群众"易为暗示所感"这一特性之

---

93. Gustave Le Bon, *The Crowd: A Study of the Popular Mind*, trans. Fisher Unwin, 1897, p. 11.

94. 参见Serge Moscovici, *The Age of the Crowd: A Historical Treatise on Mass Psychology*, trans. J. C. Whitehouse, Cambridge University Press, 1985, p. 14.

后，特意以"被诱"这个词作为上述描述的加注。[95] 瞿秋白对病态的集体社会行为的批判，也基于他对群众易受"暗示"影响的焦虑。瞿秋白以勒庞的心理学理论为据，批评群众运动中的牺牲者，不过是被"暗示驱使"而死，而非自觉自愿的牺牲。而罗家伦，这位五四运动中的学生领袖，则为这种群众易受微妙手段左右的观点提供了最为生动的描述，他认为，群众运动领袖应该像"养猴子"那样"养成群众"。对此，罗家伦解释道："养猴子的人，必须身上蒙上猴子的皮，这些猴子才会相信他。"[96] 这也许是民国那些将群众非人化思想的最直白的表达了。

朱谦之不满意上述知识分子描述群众时所构建的概念语境：正是为了反对这样把群众解说为极易受暗示影响的猴子的理论，朱谦之提出了自己的大众动员学说。他仍然认为，群众运动必须由一位开拓者，即一位"理想家"，来激励群众。可是，与勒庞所描绘的"驱策群众，去盲从他"的群众领袖截然不同，在解释群众与其鼓动者的关系时，朱谦之断言：

---

95. 章锡琛：《群众心理之特征》，《心理学论丛》，商务印书馆，1923，第77页。（原载《东方杂志》第10卷，第4期，1913年）
96. 罗家伦：《一年来我们学生运动底成功失败和将来应取的方针》，载朱维铮：《中国现代思想史资料简编》第1卷，浙江人民出版社，1982年，第683－684页。（原载于《新潮》第2卷第4期，1920年）

要说"群众常服从指导者的命令",还不如说群众是照着自己真情的命令去做。诸君!指导者是什么东西!他怎能鼓动群众?须知能鼓动群众的,只有蓄在大家心里的一点情,这才是革命的原动力,才能唤起群众运动。[97]

群众的鼓动者之所以能激起革命运动,并非因为他更激进、更睿智、更有手腕,而是因为他与群众有同样的感情,这种感情——而不是对隐秘真理的更高把握和更高意识——才是革命能动性的唯一源泉。因此群众的形成是个人自我实现的过程,而并非像当时的群众心理学家们所说的那样,是一个失去自我在某些催眠符咒下互相感染的过程。朱谦之批判塔德的模仿理论,他认为,群众非但不会模仿他人的行为,也不会被富有领袖魅力的煽动者所控制,他们只会被"真情"所"感动",只有理想者才"从他个人的仓库,引出真情给群众看"。[98] 革命理念从不可能从上而下地灌输进大众心中,而只能源于共通的原初情感,或许此刻它被遮蔽,但是,一旦群众瞥见这股真情,他们会自觉地抓住它。因此,朱谦之同样坚决反对勒庞的暗示学说:

---

97. 同注39,第119页。
98. 同注39,第122页。

勒庞断言群众运动是暗示及传染的结果，但事实上，群众是极端自觉的。然须知当理想者暗示的时候，并不会把"什么"灌在群众脑中，群众虽受暗示的鼓动，在他也不会添一些……就是构成群众的人人感情思想的一致，也只是"真情"的**自然一致**……这种思想排列在群众面前，也不期然而然地"共鸣"起来。[99]

在勒庞看来，群众的心智统一导致了个人人格意识的丧失，降低了人的理性能力。朱谦之却把这种统一解释为自觉的个体之间的心心相印，并把这种心心相印浪漫化为一种和谐共鸣。对他来说，革命群众是一个热情洋溢的共同体，在这一共同体之中，个体的自控力并不会因为一位主宰领袖任何形式的影响与控制手段而受到损害。当结为一众时，每个人的真情都同时汇入深沉的情感链接中，他们重新发现了自己潜在的真情实感，从而获得新生。

我们不仅须在西方群众理论的译介语境中把握朱谦之的革命理论，而且要在中国知识分子对"大众觉醒的政治"

---

99. 同注39，第125页，加粗字体原为朱谦之所加着重号。

(the politics of mass awakening）[100] 近一个世纪的痴迷中发现这一理论的新意。民国时期,大众觉醒的概念与文化—政治先锋队对大众的唤醒密不可分。两者的结合预设了一种费约翰（John Fitzqerald）所谓的"浪漫姿态"：少数"先知先觉者"以高高在上的眼光,觉得自己有权把自身对未来的展望告知尚对此一无所知的群众,他们有责任唤醒这些群众,并让他们听从自己的指挥。这批"先知先觉者"或像上文中罗家伦所说的那样,将群众看作猴子,从而操纵领导群众,或自命为群众的守护者。

朱谦之的革命哲学亦属于这种觉醒的政治；他认为理想的集体形式的出现首先取决于集体对自身的意识。朱谦之依然保留了少数觉醒者和未觉醒大众的二元结构形象。对于群众与"理想者"之间的关系——在不同的语境中,理想者或被称为革命知识分子、代表国家的精英干部、政治先锋队——他则另有理论。这种理论并不让觉醒的"知者"无保留地凌驾于无意识群众之上。对朱谦之来说,群众既非社会政治操纵的目标,也不是受教育的对象。群众并非像当时众多知识分子倡导的那样需要通过教育活动改造为政治主体。

---

100. John Fitzgerald, *Awakening China: Politics, Culture, and Class in the Nationalist Revolution*, Stanford University Press, 1996.

相反，群众被看作一个内蕴革命潜能，只待激活而成为革命行动者的概念。用朱谦之的话说，"激发"群众不是一个"启蒙"的过程，不是清除他们的落后思想，进而向他们灌输现代思想。朱谦之认为，"当（理想者）传播革命思想时期，好似群众受了这种思想征服的形式"，但其实不然，理想者"并不是把'架空造桥'的理想带给大家"，他只是把那"潜伏大家心里"的意见和信仰"揭穿出来"。[101]

"自觉"是朱谦之赋予群众的一个重要特征。他认为，群众运动是"每个人的自觉和自决行为的总和"。[102] 这样一种自决运动需要一名"理想者"带领才能形成，但是，这个群众唤起者并不传播具有感染力的令群众屈从的"暗示"，他的指引也不会让个体获得转化和提升。朱谦之吊诡地说道，"没有一个理想者去自觉觉他"——"他"在这里指的是人群中的个体——"就不可能有真正的群众运动"。[103] 虽然"自觉"通常是一个名词，可它在此处却被不合语法地用作及物动词，意为"使……自我觉醒"，或者从字面上看，意为由理想者使群众"自觉觉醒"，这样一个不规则用法却

---

101. 同注39，第120页。
102. 同注39，第121页。
103. 同注39，第121页。

精确呈现了朱谦之的自相矛盾的努力，或者说是他的两难：坚持群众的主体身份（subjecthood）的同时，他又不得不承认中介（meidation）的必要性。

将"自觉"违规地用作及物动词是朱谦之的发明：这不仅不合语法，也是在现代中国"大众觉醒的政治"中一个令人寻味的异物。如费约翰所论，现代中国关于政治启蒙的想法经历了一个从不及物状态转化为及物状态的转变："'觉醒'从一种萌动的热望，转变为一种在高度规范化和教导性的国家的指导下具有明确风格的规范的大众政治。"[104] 朱谦之对"自觉"的"乱用"却破坏了政治觉醒中的不及物性和及物性之间的对立差别；在朱谦之眼里，大众觉醒既是被动的形成，也是自发的生成。群众运动需要最初的唤醒，但由此产生的行动却是"自觉"的，而不是模仿或被动的。换句话说，"被唤醒"的群众运动被吊诡地看作一种自发现象，并不存在外来的自上而下的控制。朱谦之说，"大家也因此悟到自己现前元有的真情，结果便是顺着本能冲动——就是革命。"[105] 因此，朱谦之展望了一个特殊的，甚至是自相矛

---

104. John Fitzgerald, *Awakening China: Politics, Culture, and Class in the Nationalist Revolution*, Stanford University Press, 1996, p. 3.

105. 同注39，第122页。

盾的群众：理想群体的形成既是外界诱导所致，也是群体自身有机的生长，是集体生命力内在的潜力与政治干预的一个"不期然而然的'共鸣'"。

学者们已经注意到，"启蒙"这一譬喻中所蕴含的威权主义内涵体现了一种时代征兆，而民国时期的知识分子少有对政治权威的本质进行批判思考。[106] 朱谦之却是个例外：他批评勒庞式的群众运动领导不过是操纵者，用催眠式的符咒操纵群众，就如同驯猴人欺骗猴子那样。朱谦之问道：如果意识与理性是革命的敌人，那么少数的有意识的人凭什么可以"代表"多数的无意识的人？对朱谦之来说两者之间的区别并不重要——其他人认为前者可以代表后者是因为二者之间存在着意识、伦理自觉或者社会政治知识的鸿沟——朱谦之坚持认为非理性的人群与先知先觉的"理想者"之间是

---

106. Helen Siu, *Furrows: Peasants, Intellectuals and the State*, Stanford University Press, 1990, p. 10. John Fitzgerald, *Awakening China: Politics, Culture, and Class in the Nationalist Revolution*, Stanford University Press, 1996, pp. 337–338。另一方面，鲁迅一直对"启蒙"这一譬喻保持极度的暧昧；安敏成（Marston Anderson）（1990）和安德鲁·琼斯（Andrew Jones）（2011）发现，在鲁迅的小说中，表征（representation 既作为政治关系又作为模拟现实主义）已经成为他意识到的重要问题。在鲁迅的小说中，解放者和被解放者、先知先觉者和他们所试图表征的沉默大众之间的紧张在叙述者和叙述对象之间的竞争中得以体现。

一种同质同原的关系:

理想者代表群众,是代表群众的真情,却不是代表那组成各个人心理的"理性"。原来理性是差别的,是不能代表的,而真情则自然一致。故此理想者的真情,也就是群众的真情,他不过能认识自家的真情,同时知道"群众的真情,皆备于我"。[107]

理想者之所以代表群众,并非出于同情,也并非如民族主义者和马克思主义者所认为的那样,拥有更高的思想境界。[108] 真情"高于'同情'",后者通常"局限于国家的区划,人种的偏见",而真情是无差别的情感。[109] 正如柏格森所说,它也高于理性意识。理想者理应"指导"群众,因为他(她)与群众共享的是情感认同的个体的、非理性的力

---

107. 同注39,第121页。

108. 参见Fitzgerald John, *Awakening China: Politics, Culture, and Class in the Nationalist Revolution*, pp. 323–332.在中国民族主义革命中,有两种代表大众的模式:"出于同情为大众代言"和"自居拥有(先进)的认识而为大众代言"。意识上的先锋队这一观念体现了列宁主义的影响。朱谦之的群众理论针对上述两种模式。

109. 同注39,第132页。

量。唤醒群众的理想者与群众一样至情至性、血气方刚;事实上,群众与理想者合二为一:"他真情之单独现实,也等于群众的真情的总和……因为群众的特征就在已构成了单独的'真情',而为'群众心意一致律'所支配,而理想者则完全具备这个要素,他的好处,就在多情,多情就和群众心理密合无间了。"借助勒庞的"群众心意一致律"朱谦之以理想家的口吻写道,"我的一举一动,莫不和群众合德,"因此"**我就是群众,群众就是我!**"[110]

朱谦之激进的革命哲学将西方哲学和心理学话语嫁接到了中国传统思想对"心"和"己"这两个范畴的构想之上。他既崇拜王阳明(1472—1529),又崇拜冯特和柏格森。[111] 他对于本能和直觉的柏格森式颂扬与牟宗三[112]所说中"能够自己去形成一内在的道德决断之超越的、实体性的、本体论的'智的觉情'"这一新儒家观念一脉相承;而他对自身与集体融合无碍的论断,也内含了儒家宇宙论的核心关切:"即通过实现一种世界整合,化解部分与整

---

110. 同注39,第121页,加粗字体部分为原文所加。

111. 朱谦之:《回忆》,现代书局,1928年。

112. 牟宗三:《心体与性体》,上海国际书店,1999年,第254页。

体之间的区别,达到(个体与整体)的联结。"[113] 邓腾克(Kirk A. Denton)[114] 在他对中国现代文学中自我问题的权威研究中指出,在五四运动对作为现代个人主体的自主这一打破传统的想象背后,存在一种"心理和文化上的痛苦的"焦虑,害怕"失去联结自我与世界的超越性的许诺",而这种联系是传统的自我观念中一直存在的。现代的自我"纠结于两种同等重要的欲望:一种欲望试图让自我获得自觉自治,另一种欲望则试图将自我置入某种强大的宇宙他者之中,后者在当时被指认为民族、革命、大众或历史"。[115]

历史被神化为一种个人意志无法左右的宇宙运动,而自我在激进的唯我主义和历史这一无法抵抗的力量之间进退维谷。[116] 朱谦之对勒庞群众心理学的解读中产生的自我／集体辩证,既源于这一痛苦的自我观念,也是对其的反应。

---

113. David Hall and Roger Ames, *Thinking Through Confucius*, State University of New York Press, 1987, p. 243.

114. Kirk A. Debton, *The Problematic of Self in Modern Chinese Literature: Hu Feng and Lu Ling*, Stanford University Press, 1998, p. 263.

115. Ibid.

116. Sun Lung-Kee, "Mystical Aspects of May Fourth Thinking," *Republican China*, Vol. 12, 1986, pp. 36−61. Denton Kirk A, *The Problematic of Self in Modern Chinese Literature: Hu Feng and Lu Ling.*

他之所以强调理想者的"我"与集体之间生成的"共鸣",为的是坚持自我在革命中的动力作用,从而构造个体内心空间和大众之间的联系,进而超越政治介导和自生自发之间的刻板对立。朱谦之认为,真正的造反群众既是直接/直觉的(immediate)也是间接/介导的(mediated)。

朱谦之的集体理论触及了如下根本问题:怎样的心理机制才能最有效地让个人融入集体。他强调:本真的情感过程是形成集体的优先要件。在政治生活中,情感过程先于有意识的自觉而发生,比理智和理性更为根本。但是,斯特凡·琼森(Stefan Jonsson)在对赛日·莫斯科维奇(Serge Moscovici)的批判中[117](后者将社会关系看作"激情运动"的产物,这恰恰与朱谦之的理论产生了共鸣)尖锐地指出:"如果一个反抗的集体不是建立在共同利益和共同文化的基础上,而是建立在'流转于我们生命中的激情'所凝结而成的社会现实,那么如何定义这个社会现实?这些热情如何转化为政治形体或声音?"年轻的朱谦之(他刚从监狱释放出来,在狱中曾试图自杀)较少关注这些问题,他

---

117. 引自Stefan Jonsson, *A Brief History of the Masses: Three Revolutions*, Columbia University Press, 2010, p. 137. 莫斯科维奇认为:"我们最原初的相互联系相较于利益和思考的组合,更多来源于情感运动,它们使人们参与到那终是不解之谜,被我们称为'集体'的现象。"

更关心他预言的不受约束的"真情"所推动的虚无革命。朱谦之在他的论文中将革命化约为某种自足的、近乎神秘本能力量的运行,他的理论只停留在抽象的、形而上的层面,没有对革命行动的实际形式/内容提供战术层面的具体讨论。需要注意的是,这种缺失恰是朱谦之激进思想内在逻辑的结果:如果行动的根源在于本能,革命仅仅是一些神秘的内心情感的爆发,那么改变社会关系和经济结构就不是朱谦之宣扬的核心。

结论:对自发性的浪漫想象及其僵局

朱谦之用本能、直觉、冲动解释革命行为,将内在真情自我的自然展示视为革命的情感表达和最终目的。他强调理想者的"我"与集体之间自发的共鸣,以求坚持自我在革命中的作用,从而构造个体内心空间和大众之间的联系,进而超越政治介导和自生自发之间的刻板对立。朱的革命哲学不仅是对其所在知识和政治语境的回应,也是全球范围内反实证主义和反理性主义思潮的一部分。泽维·斯坦贺尔(Zeev Sternhell)指出,从16世纪开始,对世界进行理性主义的、机械论的解释主导了欧洲思想,到了19世纪末,这样的解释让位给了一种"有机"的解释,其原因是"非理性价值的复兴、对本能和情感的崇拜,以及对生命与情感力量的绝对主导地位的肯定"。[118] 朱谦之从这些反理性、反机械决定论的思潮中吸取灵感,将他所谓的先于理智的内在性视为个体实存和欲望的源泉,反对20世纪10年代和20世纪20年代在中国逐渐兴起的理性主义思想。[119] 与五四时期警惕集体癫狂的那些知识分子不同,朱谦之尤为重视非理性因素在社会关系中的作用,并把冲动的情绪看作革命的动力。他同意勒庞的看法,认为群众在本质上就是反知和非理性的集体,但用尼采的话来说,他却彻底"重新评估(transvaluation)"了勒庞的观点。朱谦之认为,群众是由神经病组成的,但只有疯子才是"最活泼的,且真诚的很"。[120] 群众并非驯顺的政治质料,而是激情洋溢的共同体,不为政治组织的稳定形式所限制。革命群众之间的纽带根源于他们的行动潜能和自发联系之中。

---

118. Zeev Sternhell, *Neither Right Nor Left: Fascist Ideology in France*, trans. David Maisel, Princeton University Press, 1995, p. 33. 斯坦贺尔认为,勒庞和柏格森同属于非理性的一代,他们把人看作"本质上非理性的存在,他们被生理学和历史条件所局限,并被情感、联想和相像所激发,而从不为理念所动"(第36页)。欧文·霍罗威茨把这些世纪之交的反理性学说定位为"对理性的反抗。"见Irving Horowitz, *Radicalism and the Revolt Against Reason: The Social Theories of Georges Sorel,* Routledge, 1961.

119. 值得一提的是,在著名的"科玄论战"(由张君劢挑起,开始于1923年)中,玄学派挑战了社会达尔文主义和以实证主义为基础的知识论的主导地位,而此时,《革命哲学》已经出版了两年。

120. 同注39,第59页。

朱谦之的革命哲学触及了现代政治思想中的一个核心问题。葛兰西曾就此发问："现代理论能与群众的'自发'情感相对立吗？"[121] 列斐伏尔（Henri Lefebvre）呼应了葛兰西的问题，他问道："有谁是为了思想、知识和科学而置身于斗争之中？"在热情地为"六八"学生运动的自发性辩护时，列斐伏尔指出，在现代社会中，"以科学的名义，以作为一种技术的计划性暴动的名义，或以组织的名义，而反对自发性"，已经成为常态。[122] 例如，列宁就认为党（"有意识者"）的角色就是将无产阶级的阶级意识强加于"自发"的群众。[123] 相较而言，毛泽东却相信，真正的革命知识和创

---

121. Antonio Gramsci, *The Prison Notebooks*, trans. Quintin Hoare and Geoffrey Nowell Smith, New York: International Publishers, 1999, p. 198.

122. Henri Lefebvre, *The Explosion: Marxism and the French Upheaval*, trans. Alfred Ehrenfeld, New York: Monthly Review Press, 1969, pp. 52, 69. 列斐伏尔指出："自发性需要方向引导，它需要一种可以理解它的思想，去指导群众的自发性，但不压抑它。理论家们不止一次地犯错误，他们的错误就是没能回答这个问题：那些投入斗争中的人里，有谁是为了思想、知识和科学而参与战斗的呢？"（第52页）正如上文所示，朱谦之是在一个类似的框架下提出问题的：亦即本能和自发性与理性和科学之间的对立。

123. 列宁认为："所有对工人阶级自发性的崇拜，都矮化了'意识因素'，即社会民主的作用，无论这些矮化者是否有意如此，这些看法都强化了资产阶级意识形态对工人的影响。" Lenin, *What Is to Be Done?*, London: Penguin, 1988, p. 105.

造力最终来自群众自己;但是,施拉姆(Stuart Schram)等学者也指出尽管毛泽东鼓励党员干部听取老百姓的意见,具有民粹主义倾向,与党的职业化和官僚化倾向背道而驰,但他的"群众路线"本质上却与列宁的精英主义一致。[124] 群众零碎而不系统的观念,亦即无目的自在阶级意识(unintended consciousness of the class in itself)必须上升为自为的阶级意识(consciousness of the class for itself)。只有通过党的教育引导,人民群众才能成为自在自为的历史主体。毛泽东既坚持"主动和群众打成一片",又强调"自上而下的引导群众"。他批评那种认为革命会从群众运动中自然而然地发生,而不需要党的领导的观念。某种程度上,毛的群众路线和葛兰西对自发性和领导关系的论述类似,用葛兰西的话说就是:革命组织的领导"赋予群众一种身为历史和制度价值

---

124. Stuart Schram, "Mao Tse-tung's Thought to 1949," in Merle Goldman and Leo Ou-fan Lee, eds., *An Intellectual History of Modern China*, Cambridge University Press, 2002, pp. 267–348. 关于朱谦之的宇宙革命论与毛泽东的政治思想之间的关系,请参阅王远义:《宇宙革命论:试论章太炎、毛泽东、朱谦之和马克思四人的历史与政治思想》,许纪霖、宋宏编:《现代中国思想的核心观念》,上海人民出版社,2011年,第670–685页。

创造者的'理论'意识"。[125]

因此,朱谦之试图解决的是一个困扰同时代很多思想家们的问题,即自发性(spontaneity)和意识(consciousness)的历史作用的问题:历史是被一群"先锋"通过有组织的革命"有意识"地塑造出来的,还是群众"自发"力量爆发的结果?[126] 与他那些激进的同仁们一样,朱谦之将群众定义为"生成中的革命主体(a revolutionary subject in its becoming)",在一个被激发的自我实现过程中实现它原本蕴含的革命潜能。我们也发现,在朱谦之的哲学和很多革命者(如毛泽东)的学说中,激发群众内心中对革命的共鸣远比宣扬革命先锋队的妄想来的重要。但与毛泽东这样的激进

---

125. Gramsci, *Prison Notebooks*, p. 198. 葛兰西对政治机器官僚化的趋势也同样充满警惕,他倡导"持续让政治组织适应真正的运动,让上层秩序与底层运动相互配合,持续将低等级的要素翻转上来,并将它们置入僵化的领导机构之中"。(第188—189页)

126. 比如同时期的马克思主义哲学家、美学家卢卡契就曾写过题为《大众的自发性和党的行动》的文章,讨论相关的问题。见 György Lukács, "Spontaneity of Masses, Activity of Party" (1921), in Rodney Livingstone, ed., *Tactics and Ethics: Political Essays, 1919-1929*, trans. Michael McColgan, New York: Harper & Row, 1972, pp. 95-105. 卡特琳娜·克拉克在她的名著《苏联小说:作为仪式的历史》中对马列主义中的意识/自发性的辩证有过经典讨论。见Katerina Clark, *The Soviet Novel: History as Ritual*, Bloomington: Indiana University Press, 2000.

政治理论家不同，朱谦之并不关注政党作为新兴的大众政治团体的出现。实际上，朱谦之十分警惕在这些组织看来是至关重要的意识转化工作。在朱谦之看来，对于发动大众来说，非理性情感远胜过理性的思想。一旦共同的"真情"被引发，也就是说，一旦群众得以拥揽"元来的自己"——革命运动便在群众自发的狂欢中爆发。这里，朱谦之的"情"的概念指向了奈格里（Antonio Negri）这样的当代思想家对"情动（affect）"的界定："情"是"一种行动的力量，既是单一的，又是普遍的，……是一种建构主体间公共性（的力量）"。朱谦之可能也会同意奈格里的看法："这种公共性既非限制性，也不是强迫性的，而是共有的欲望。"[127]

但是，我们也要十分小心：朱谦之对大众自发情感和本能冲动的赞美很容易被政治精英所利用，并被整合进特定的规训机器之中。1921年《革命哲学》出版后，朱谦之短暂任教于厦门大学，随后与爱人移居杭州，直到1927年。之后，他移居广州，成为黄埔军校的政治教员，用他自己的话说，"以最大的忠诚服务革命"。1928年，朱谦之移居上海，与胡也频、丁玲、沈从文成为好友。后来他获得政府奖学金，

---

127. Antonio Negri, "Value and Affect," trans. Michael Hardt, *Boundary 2*, vol. 26, no. 2 (Summer 1999) : 85.

赴日本学习。1932年，他回到广州，成为中山大学历史系教授。[128] 在20世纪30年代末，他成为蒋介石"厉行哲学"的崇拜者。尽管他的兴趣已经从群众理论转向了西方历史和文化哲学，可在他衷心援引蒋介石关于不应困于"求知"，而须"厉行"的训言时，[129] 我们仍能瞥见他1921年提倡"任情而行""不思之知"时的影子。

我们不能忽略，在专政管理原则和对集体无意识的狂热膜拜之间，有着潜在的亲缘关系。朱谦之的反权威冲动包含了颠覆其自身的僵局：朱谦之所设想的群众和其召唤者之间自发的心心相印，是基于群众在召唤者身上获得自我认同，因此就有这样的危险：革命群众迷信"理想者"内在的创造力，并将其看作"理想者"特有的能力。[130] 勒庞的群众心理统一论是朱谦之政治认同理论的基础，通过这一理论，朱谦之得以确认大众能量，但这样的能量必须在"理想者"身上找到表达的载体。在朱谦之看来，"理想者"不仅激发了群众

---

128. 参阅朱谦之的传记《奋斗廿年》，中山大学史学研究会，1946年。

129. 见Lung-Kee Sun, "Mystical Aspects of May Fourth Thinking ," *Republican China,* Vol. 12, 1986, p, 57.

130. 在此处，我的批判深受威廉·马泽莱拉《诸众的神话》（2010）一文的启发。参阅William Mazzarella, "The Myth of the Multitude, or, Who's Afraid of the Crowd ?" *Critical Inquiry* 36, no. 4 (Summer 2010) : 697-727.

的潜能,他本身就是群众潜能。换句话说,只有政治精英达到"群众真情皆有备于我"[131]的境界,即把集体全部包容进来,人民自身本有的能量才是"本真"乃至"革命的"力量,只有群众之心与其"指导者"心心相印的时候,这一力量才能被认知。我认为,正是在这里,朱谦之对革命群众本能的赞美和他对蒋介石的认同之间,存在一种吊诡的联系,因为20世纪30年代蒋介石发动的大众动员,正如阿里夫·德里克(Arif Dirlik)指出,是"一场拒绝大众政治主动性的群众政治运动",它要求人们对现存政治结构和领袖地位严格尊奉。[132]

尽管在20世纪20年代早期,郭沫若、郑伯奇等重要人物都盛赞过他的学说,到了20世纪30年代朱谦之的反理性革命哲学已经逐渐被人遗忘。抗战结束时,他已经成了自己曾经激烈反对过的人——一个广播总统训令的人,而且他为自己的转变而骄傲。[133] 他仍然呼唤激情和团结,却不再是了让"真情"流转运行,冲破道德、经济和社会政治体制的桎梏,而是为了他所谓的"新伦理",这一新伦理要求全身心

---

131. 同注39,第121页。

132. Arif Dirlik, "The Ideological Foundations of the New Life Movement: A Study in Counterrevolution ," *Journal of Asian Studies* 34, no. 4 (August 1975): 975.

133. 朱谦之:《奋斗廿年》,中山大学史学研究会,1946年,第85页。

地忠于国家和领袖。而这些都是他曾经嗤之以鼻的东西。[134]

1949年后,朱谦之留在了大陆。20世纪50年代到60年代间,他被无数次要求对自己的"非理性态度"做"自我批评"。在1968年的一篇自我批评中,朱谦之痛悔自己早年轻视马克思和恩格斯,信奉无政府主义。但同时他急切地向读者指出,当早期共产主义者们自己怀疑群众心理的时候,他却是第一批赞美群众革命潜能的知识分子。[135] 在这篇写于"文革"早期的自我批评中,他没有提及他所呼唤的虚无主义革命早已经超越了阶级斗争的范围,而他对本能和非理性群众的看法定会激怒他的政审干部。朱谦之对非理性群众的赞美所受到的政治压制显示出:他群众概念中的诸要素——极端的情感、直觉、非理性和自发性——很难被民族和阶级革命的宏大叙事所消化。可是,情绪、直觉和非理性却并非消失。甚至我们可以说,这些要素恰是中国革命话语和实践的核心。

最近一系列研究,比如大卫·阿普特(David Apter)和托尼·赛西(Tony Saich)1994年的著作以及裴宜理(Eliza-

---

134. 朱谦之:《新伦理》,《民族文化》第5卷第1期,1945年,第1页。
135. 朱谦之:《世界观的转变》,《朱谦之文集》第1卷,福建教育出版社,2002年,第112–182页。

beth Perry）近期的研究，都试图阐释共产党政权力量的"情感根源"。[136] 例如，面对群众宣泄伤痛情绪，即所谓的"诉苦"，成为了"情感工作"的核心环节，在这一刻，听众能看到自己在阶级对抗结构中所处的具体位置，并被共同情感"召唤"成为阶级意识的主体。安·安娜格诺斯特（Ann Anagnost）认为，这种经过精心排演、公开表达、集体呼应的情绪是一种"被批准的情感结构（an authorized structure of feeling）"，它成为了"让个人经验社会化的手段，以便生成被定义为阶级的革命主体"。[137] 正如一位河北工作队队长所总结的那样，土改工作的关键在于"感动"农民。另一位参加20世纪40年代山东土改的干部表达得更为生动："光讲理不哭"做不成土改工作，因为"穷人边讲理边哭"。[138] 近20年后，毛泽东告诉安德烈·马尔罗（André Malraux）："革

---

136. David Apter and Tony Saich, *Revolutionary Discourse in Mao's Republic*, Harvard University Press, 1994, p. 5; 裴宜理（Elizabeth Perry）：《重访中国革命：以情感的模式》，《中国学术》第2卷第4期，2001年，第97–121页。

137. Ann Anagnost, *National Past-Times: Narrative, Representation, and Power in Modern China*, Duke University Press, 1997, pp. 32–33.

138. 李理峰：《土改中的诉苦：一种民众动员技术的微观分析》，《南京大学学报》第5期，2007年，第104页。

命是一场激情戏;我们不是靠说理赢得人民的。"[139] 提出这种政治动员的"情感范式"的不是像瞿秋白这样的早期共产主义理论家,而是像朱谦之这样的无政府主义—虚无主义哲学家。朱谦之坚持认为,不能通过说理使群众成为革命者,而必须通过共同情感"感动"他们。

在朱谦之看来,革命是真情实感的自发流淌,它从群众的每一个个体同时地、又是不可预见地涌出。他并没有将革命能量的爆发设想为细心计划和实施的"情感工作"的成果。裴宜理认为,"情感工作"是中国共产党成功的核心。一位河北干部回忆说,为了更有效地"打动"观众的情绪,诉苦的政治戏台应该在一个"偏远荒芜的地方,灯光昏暗",能有一个"像唱戏一样的布景"就更理想了。[140] 尽管朱谦之深受冯特影响的情感哲学预言了中国共产党在大众动员中诉诸情感的方式,"情感工作"在土改运动中的演绎却也显示出朱谦之所信奉的情感宣泄的"自发"性在面对强有力且细致入微的政治机器时的脆弱:在革命的戏台上,朱谦

---

139. Jean Robinson, "Institutionalizing Charisma: Leadership, Faith and Rationality in Three Societies." *Polity*, vol. 18, no. 2 (Winter 1984) : 188.
140. 李里峰:《土改中的诉苦:一种民众动员技术的微观分析》,《南京大学学报》第5期,2007年,第105页。

之所推崇的"真情的自然一致"只是精心彩排的"工作"结果;"不期然而然的共鸣"是由娴熟的"演员"所激发的;"真情"则被收编为被高度规训的情感结构的一部分。朱谦之也许预见到"指导者"或"理想家"们下乡激发大众的情感,可是,选址、灯光、布景和其他引发群众"真情"的导演行为却是他未曾想见的。

拒绝同化型共同性[1]

森崎和江与矿井

[日]水溜真由美

刘凯 译

---

1. 原文刊于《思想》,第931号,岩波书店,2001年11月。水溜真由美为北海道大学文学研究科准教授。

汉娜·阿伦特曾反复使用"黑暗"这一隐喻来表现脱离公共领域或被放逐的状态。她在《黑暗时代的人们》(*Men in Dark Times*)中，将因纳粹的迫害，犹太人不仅在公共领域而且在私人领域都被放逐，并被强行赋予了一种无世界性（worldlessness）[2]和匿名性的时代命名为"黑暗时代"。阿伦特作为同时代犹太人的一员被迫承受了丧失世界的体验，对她而言，"黑暗"体验无疑是彻底的否定性存在。比如，她一方面赞美那些受"黑暗时代"迫害的人们中间焕发出的"人性"，但同时也强调了它的"非政治性"，并且断言

---

2. 在论述"公共领域"和"私人领域"时，阿伦特这样写道："世界对我们来说是共同的，并与我们的私人地盘相区别。就此而言，'公共的'一词指的就是世界本身。然而，这个世界并不能与地球或大自然相等同，它不是指人的活动的有限空间和有机生命的一般条件。相反，它既与在共同栖居于人造世界上的人们中间进行着的事情相联系，又与人工制品，即人手制作的东西相联系。共同生活在世界上，这从根本上意味着，事物的世界处于共同拥有这个世界的人之间，就如同一张桌子的四周围坐着许多人一样；世界像每一个中间事物一样，都同时将人联系起来和分离开来。"每个人在这个"共同世界"中都能够看见或听见他人，同时也能够被他人从各自不同的立场听见或看见，而且并不会因此而改变自身的同一性。然而当上述内容变得不再可能，当"人们变得完全私人化""被锁闭在一己的个别体验的主观性之中"时，"世界"也将毁灭。详细内容请参阅阿伦特《公共领域和私人领域》（汪晖、陈燕谷：《文化与公共性》，三联书店，2005年3月第2版，第57-124页）。——译者

"所谓无世界状态,归根结底就是野蛮状态的一种"。³ 另外,在《作为被遗弃者的犹太人》(*The Jew as Pariah*)中,阿伦特从身处比以往任何时代更为严峻的丧失世界的状态之中的卡夫卡那里读出了强烈地要收回世界的愿望。⁴ 阿伦特把《城堡》解读为一个"同化实验",指出卡夫卡将自己彻底地从社会疏离开来,他既拒绝"成为一个波希米亚人",也拒绝逃往自然或艺术的"不可侵犯的领域"。在阿伦特看来,卡夫卡的犹太复国主义得自于这样一种认识,即"真正的人性"并不在"非凡之物"中,而"只存在于平常之物中"。犹太人要成为"平常之物",只有"清算其特殊的立场",作为"同所有民族都等同的民族"才能重新获得世界。

如此,在作为"被遗弃者"被迫受尽了苦难的阿伦特的面前出现了一个至高无上的命题。她要求消灭"黑暗"并以完全的方式恢复"光明"。众所周知,阿伦特视古希腊的城邦为"光明"世界的理想空间,她毕生都在谋求复原它,唯此才可将"黑暗"驱赶至作为"表象空间"的公共领域——

---

3. 汉娜·阿伦特:《黑暗时代的人们》,阿部齐译,河出书房新社,1986年,第23页。
4. 汉娜·阿伦特:《作为被遗弃者的犹太人》,寺岛俊穗、藤原隆裕宜译,未来社,1989年,请参阅第二章第四节。

光明世界背后的私人领域。

可是我们在此要追问的是，阿伦特在将"黑暗"体验仅仅作为恢复"光明"的原动力时，是否也意味着她将"政治"放置在了"光明"所具有的本源性暴力一侧？因为那会造成一种同"不可能性"和"外部"都无关的"政治"。完全"光明"的世界消灭了"黑暗"——然而即便/正由于排除了表面的"黑暗"（暴力），它也成了本源性暴力扎根的空间。阿伦特在概念构成上没有将"黑暗"之存在或"不可能性"与"外部"用来对上述"政治"进行根本性的批判，这导致她预先将"被遗弃者"本身所具有的激进主义视作无害之物，这难道不是本末倒置吗？我们不能为了夺回公共领域而垄断丧失世界的记忆，公正地讲，连接着那种内在批判的政治哲学无法恢复完全"光明"的世界。它不会让"黑暗"时刻消失，它只会与现实的政治诉求相互妥协最终转化成无政府主义式的政治。

虽然没有处在"被遗弃者"的立场，但森崎和江的童年时代也被20世纪法西斯的"黑暗"所笼罩。可是与阿伦特相反，"日出之国"的臣民森崎在战后不久便投身到了"黑暗"之中，她将"矿井"作为活动的根据地，并且一直坚持到了60年代末。这在多重意义上呈现为对"光明"的反命题。首先，"矿井"不仅在物理的意义上是"黑暗"的，而且也意味着在被共同体的"光明"排除，被置于外部的意义上是"黑暗"；其次，即使阿伦特也曾经将生命所必需的"劳动"放置到完全不可视的"活动"领域——"黑暗"之中加以思考，未必是边缘的；再次，煤矿劳动与身体条件密不可分，指出与象征性的暴力相联动的语言所带有的"光"的临界点也是"黑暗"。

森崎通过"矿井"提出的对"光明"空间的反命题有着丰富的含义，本文则将她对"同化型共同性"的批判契机作为核心。因为森崎在殖民地度过了多愁善感的孩童时代，对她而言，"光明"的暴力正是日本国以及村落共同体施行的"同种同化、异种排除"的暴力。森崎作为同化型共同体中的异类，身处"黑暗"之中，这构成了她对所产生的暴力展开彻底批判的前提。

但是，森崎之所以在战后开始关心"黑暗"中的煤矿劳动，并不是要单纯地维持"光明"与"黑暗"二者的对立，转换两者的关系。她也没有仅仅将"黑暗"体验当作日本支配性"光明"原理单纯的反命题，而明确要将其与积极重构"光明"原理相联动。森崎试图从"黑暗"的立场出发，发展出对"光明"进行根本批判的理论，并在此基础上构筑一个替代性的"政治"逻辑。而且，"矿井"对于森崎而言恰好是聚焦于"同化型共同体"的"不可能性"——无法媒介化的单一性、身体性、与他者的非对称性等契机,不断地避免对其排除抑或扬弃,并且在尽可能的范围内将共同体发展成为一个流动且开放的实验场。

同化型共同体批判

战后,森崎和江以"矿井"为中心开展了一系列的运动和著述工作,这背后的第一原动力便是她对日本共同体性质的批判意识。一个坚贞不屈的自由主义者的父亲和殖民地的成长经验给予了森崎深刻的影响。父亲受过大正民主主义和马克思主义的洗礼,森崎从他那里继承了世界主义和个人主义的理念。更重要的是,她在幼年时期一直被受支配的朝鲜人的严厉目光所包围,这一体验让她在身体层面体会到了那些无法"同化"的、作为"异类"的他者之存在。森崎曾这样讲道:"一直到十七岁,我没有一次不曾感到自己被朝鲜老老少少的目光围奸。"[5]然而这件事非但没有加强她对"日本人"的认同感,反而直接催生了她对施行殖民统治的"内地=日本"的耻辱与憎恨之情,也产生了相对于"内地=日本"的陌生人意识。

森崎不论是在面对父亲从"岛屿"来的客人时,还是

---

5. 森崎和江:《与母国的婚姻幻想》,现代思潮社,1970年,第215页。

在日本战败后踏入父亲故乡的那一刻,都未动摇过对日本共同体的批判意识和疏离感。她已习惯了在打招呼时被问道:"你到底是属于哪儿的?"她对这种通过血缘和地缘这样的归属集团来判断并试图将他者同化到一个同质性集团当中的暴力有一种生理上的厌恶感。在散文诗《烧红了铁的西阳》中,森崎直白地描写了她对"不考虑个性倾向、毫无特点的微笑集团"的不适感:

岛屿。伙伴意识与归属感的麦芽糖。同一个国,同一滴血。同一张锅里的饭。共享的快感。似乎一切都与我背道而驰。同一之中各自独立存在的美。对异质的好奇心与爱。生命即是不断地释放我们的所有,不是吗?胎儿从脐带。子女从双亲。人从国家。[6]

毫无疑问,朝鲜少年那饱含了所有敌意的目光起源于殖民统治这一明确的外在状况,但是森崎面对这种目光时并没有产生恐惧感。她曾充满敬意地谈及战前与战时朝鲜人"冷峻的似乎要峭立而起的自尊",[7]这与她尝试理解为面对他者

---

6. 森崎和江:《森崎和江诗集》,土曜美术社,1984年,第84页。
7. 森崎和江:《斗争与爱神》,三一书房,1970年,第310页。

的关系时表现出的"对立"或"紧张"息息相关。那绝不是一种拒绝他者的态度。对森崎而言,一致性的"微笑"背后某种轻佻的伙伴意识才是排他的"对异己的防卫",[8] 即是对"他者"的拒绝。例如,她曾将日本男性的目光同朝鲜男性的目光做了对比后说道:"日本男人的目光都在说'你是我的'或'我是你的',他们不敢直视我。我对他们失望了,不会爱上他们。"[9] 这种寻求同质性的沟通从根本上否定了"他者"的存在。她以朝鲜人抵制强制"同化"的目光和自身的"陌生人意识"为媒介,追问日本共同体的特质如何生产出了上述的交流方式。

森崎对日本传统共同体的批判直指日本共同体的"同种同化"和"异种排除"原则。她指出这种传统主要是由农村——"以血缘为媒介的地缘共同体"——再生产的。森崎认为,农村共同体拥有共同的守护神和寺庙,"村民们在劳动上互相帮助,共同体内部的生活问题依靠全体协商解决。

---

8. 同注7,第120页。

9. 森崎和江:《斗争与爱神》,三一书房,1970年,第118页。森崎在《第三性》中强调,恋爱是同异质性对象的非对称关系。关于此点,请参阅笔者拙稿《庶民的团结如何可能?——试论森崎和江的〈第三性〉》,《情况》,2000年6月号。

村落根据心理上形成的自治秩序和共同感最终得到统一"。[10]

以村落共同体为基础的统一力量不仅仅在作为实体的农村发挥作用，它还将那些离开了农村的人"当作缺席成员予以承认"，[11] 并赋予离村的无产化民众一种归属意识。而对离开了日本的人而言，他们的归属共同体就是基于同样的同化主义原理的国家。"同化"作为日本的殖民政策首先意味着"将那些与日本内地正在解体的农村生活体以及与这部分情感根源相联结的那些海外的人们重新捆绑在一起，让他们从属于国家权力的方针政策"。[12] 在殖民地统一被支配的民族的理念也是同化主义的"同祖同根论"。其结果便是，"朝鲜人在同化的美名之下完全失去了自我表现的场和方法，被强制使用日语进行生活和思考，甚至连姓名都被改为日本姓名。他们只能学习日本历史，朝鲜史书被封禁。长大后则要充军。"[13]

大日本帝国的同化主义政策被赤裸裸地以暴力的方式应用到了朝鲜。森崎在作品中处处暗示了同一性共同体理念

---

10. 同注5，第167页。
11. 同注5，第168页。
12. 同注5，第170页。
13. 同注5，第166页。

本身所内含的暴力性。因为现实的个体被承担着生死宿命的肉体所限制，它具有同质性共同体所无法统合的根源性矛盾。[14]"肉体具有自我意识所无法控制的一面，这是所有人的存在条件"。[15]

森崎特别将"生育·降生"作为"人之存在的自我矛盾"，并以此为立足点对同质性的共同体展开批判。她考察了能够对同一性个体做出根本修正的"生产"经验。所谓"生产"，是指单一个体"分身为二"的经验，也指"生育"（能动经验）和"降生"（被动经验）难以分离的统一。它揭示了同化型共同体的构成要素——自我同一的概念所具有的根本矛盾。

在《〈生育·降生〉独白》（收于《故乡与幻想》）中，森崎对下面两句话表达出了强烈的感动："鹅生蛋了""七只猪仔降生了"。这两个句子中的谓语均使用了动词났습니다[16]。

---

14. 森崎曾反复论述过语言被包含矛盾的肉体条件所限制。例如，《语言，这一缺失》（收于《异族的原基》）。对森崎而言，语言在原理上是一个不透明的存在，这种语言观念深深地根植于她的个人经验，即成长在朝鲜和日本两种文化之间。关于此点，可参阅Brett de Bary《两个词，两颗心——森崎和江和语言行为的政治》，《思想》，第866号，岩波书店，1996年8月。
15. 森崎和江：《匪贼的笛子》，苇书房，1974年，第167页。
16. 朝鲜语，意为"出""生"等。——译者森崎认为肉体所包含的这种本源性矛盾才是"人的本来面目",她也指出日本自古以来虽然在诸多神话或习俗中将"生产"描述成一种"不平常状态",但也往往试图在同一的共同体中消解这种矛盾性的存在。比如在《古事记》中,丰玉姬在产房产下鸬鹚草葺不合尊[17]时,丈夫窥见其变身为"八寻鳄"不禁大惊。过后,丰玉姬因羞于此事产后便回到了海神国。在此,《古事记》中的妊娠—生产行为被当作"他国人"的行为而外部化了,而且据说丰玉姬回到海神国后又将没有生育经验的妹妹玉依姬[18]派回去抚养儿子。森崎认为这实际上是"人转化为神的过程",[19]但是依据这样的"知识"而展开的现实操作并不能消解掉内在于"人本身"的本质矛盾。

"人本身"与生俱来地构成了一个矛盾体。"神本身"是一元的,而人本身是矛盾体这件事情本身又是具有神性的。产妇的存在即是人之矛盾的象征。勿使产妇归娘家![20]

---

17. 神武天皇之父。——译者
18. 神武天皇之母。——译者
19. 森崎和江:《故乡与幻想》,大和书房,1977年,第40页。
20. 同注19,第41页。

日本共同体的防御遵从同一性理念，导入了单性繁殖模式，而后又在祭祀天皇灵再生的习俗中达到了极致，将"生产"经验本身完全排除。一定会死亡的天皇肉体在"不灭的灵魂的睡去和醒来"这一虚构之中，并未将同一性秩序中带有根源性矛盾的"生产"过程媒介化就得到了再生。森崎认为，天皇的即位仪式中所表现的灵魂再生时需要事先藏到御用棉被虽是产房的"传统禁忌"，但"那与其说是出生，倒不如说是孵化"。[21] 由此可见，他们刻意排除掉了"生产"经验，因为它最尖锐地指出了同一性之中的根本矛盾。天皇的"御生"实际上是"人赶走产妇并驱除生产者的意识，进而将出生者的卵生感觉作为基础进一步加以纯化，形成独立的观念"。[22]

同一的天皇形象通过单性繁殖得以再生并成了共同体的象征。同化主义的感性认识排除了"生产"所象征的矛盾性，那种排除异质存在的"他者"的观念与此一脉相承。同化主义遮蔽掉了共同体内部存在异质性这一事实，正如它回避了人在"生产"或生死的过程所展示的人的肉体矛盾一样。承认大日本帝国的同化主义殖民政策本身就意味着在姿

---

21. 同注19，第137页。
22. 同注19，第52页。

态上回避掉了"异民族"这个他者,而且它不仅仅是一种要求殖民统治正当化的宏观政治,在诸多微观层面亦与政治存在互动关系。由于产业化推动了村落共同体的瓦解和劳动力的流动,国家在此时就有必要去重新调整在过去无从跨越共同体的界限,而现在则要相互接触的民众之间的关系。大日本帝国的殖民政策不可避免地造成了现实中的异民族的日本人与朝鲜人相互接触的机会。而且民众越处于底层,民族性的接触也就越直接。

(朝鲜民众和日本民众)虽互为异民族,但共同劳动生活。民族的底层与异民族直接接触,这一点与日本文化接触西欧的过程形成对照。日本的统治权力对(日本)与朝鲜在民众层面上的接触赋予了理念,将双方描述为同祖同根,并且将同化朝鲜作为殖民地政策加以实施。[23]

上述内容同样适用于冲绳和"本土"的关系。"进入明治时代以后,冲绳人被当作同胞介绍到本土。这当然不是民众自发的接近,因为介绍者是国家。"[24] 但森崎认为,国

---

23. 同注19,第158页。
24. 同注19,第103页。

家拉拢起来的民众共同体在现实中无法超越异民族之间的界限。民众会依然处在自己的下层共同体之中，不会积极发展同异族的关系。毋庸赘言，森崎在此当然不是呼吁将"同种同化共同体"的单位从小型自治团体扩大到国家的维度，更不是宣扬国家同化主义强制下的结合。实际上她对下述情况极其警惕，即由于缺乏同"异族"接触的思想，最终"以国家原理为蓝本，在民众层面展开相互交涉"。[25] 日本民众与朝鲜民众、"本土"民众与冲绳民众之间缺乏交往，"与异质性生活圈打交道的思想尚未在民众中形成"，那个"思想"的内容便是非同化主义的、面对他者的方式。

森崎认为"日本共同体意识中最大的弱点"是缺乏一种传统——民族间、集团间、个人间各种层面上，"异种异根意识"在同一个舞台上相互较量。[26] 究其原因，民众一方面维持一定的"自治"，另一方面又将共同体之间、集团之

---

25. 同注5，第174—175页。

26. 当然也不是没有例外。在《唐行妇》（からゆきさん）中，那些日本近代化的牺牲者——唐行妇（妓女）们的家乡便是这样的景象："人们在生活中以收留他人或异乡的客人为乐事，性格落落大方，喜于同异乡交往，心胸开阔。"另外，森崎在《异族的原基》中亦曾讲到日本、琉球、朝鲜各方因倭寇的活动而产生了独立的交往，在前近代的共同体中也存在向异族开放的动向。

间的关系委托给掌权者,[27] 而且这种"有限度的自主"最终成为"日本社会二重构造"的一部分而被积极地利用。换言之，民众在共同体或集团内部自给自足，对自身的外在定位毫不关心，这一点正合掌权者的意愿。[28] 然而，在近代化的格局中，共同体于同化主义的表与里都不得不与外界进行接触，此时这种对同化主义共同体的自足就会显得缺乏气度，成为暴力。森崎进一步指出，不仅国家政策本身，包括国家政策转换，都与民众态度转换直接相关，即民众同"异族"交往时缺乏一种伦理性判断和主体性决断力会对"异族"造成极大的伤害。

集体活动目标的转换似乎不会给日本民众带来伤痛。但很明显的是，过去那些集团内部的被掳掠者，例如朝鲜民

---

27. 吉本隆明在其有关南岛论的著作中将日本社会作为权力的两重构造加以把握。他认为，天皇制国家并非通过既存共同体的解体才实现彻底的自我统治，而是通过"共同幻想"使自身嫁接到土著共同体之上，进而不断扩展统治范围。在《南岛论——家族·亲族·国家的逻辑》中，吉本将这种通过"移花接木"形成的国家命名为"移植国家"（《吉本隆明全集选撰》第5卷，大和书房，1987年，第454–455页）。但是，与森崎不同的是，他没有去批判下层共同体，而是将以"反幻想"为基础的氏族或前氏族共同体作为一个纯洁无垢的存在，并试图把它从"共同幻想"的政治暴力中解救出来。
28. 主要指无国籍的在日朝鲜人。——译者

众,他们昨天还被强制同日本人做朋友、和日本人在共通的生活圈中组成共同集团并且被强加予平等,他们在国家权力的统治之下同样因日本民众自身生活的法则性而受到伤害。如今他们又因第三国人[29]制度被排除到了共同体之外,这在日本民众的感觉上好像是赋予了一种新的"平安"和"平等",而朝鲜民众的心里恐怕体味着的是多重的不信任感。换言之,我们在集体目标发生方向性转换的过程中可以看到思想式的伦理性的缺失。这一点在冲绳问题中也一样。[30]

而所谓在原理层面上回避这种"思想式的伦理性缺失"的路线,只要民众自己被卷入权力的二重结构,对掌权者的批判就无以可能。这意味着要构筑起一种能将"异族"作为"他者"来对待,基于非同一性的逻辑而建立的民众间的自立关系,进而"我们必须发现一种有别于日本式国家内部结构的道路"。[31]

---

29. 同注5,第148页。
30. 同注5,第79页。
31. 谷川雁曾与森崎共同参加了"交流圈村"运动,并与她共同生活。关于矿井和农村的关系,谷川有不同的见解。虽然对村落共同体的保守性有一定自觉,但是矿井更加重视"故乡"并且否定了小资产阶级的无根性,它实现了劳动者和农民的连接。例如下面这段话可供参考:"农民们以大自然为伴,

作为被遗弃者的矿工——矿井的开幕

那么如前一节所述，就日本共同体的存在形态而言，矿井究竟如何提供了一个反命题呢？森崎注意到，矿工通过极不稳定的地下劳动潜移默化地实现了一种价值转换，颠倒了村落共同体的秩序。这种价值转换是通过矿工脱离村落共同体——被遗弃——才成为可能的。[32]

《地下的众神》书写了煤矿劳动自草创期以来的精神史。她指出自江户末期开始，"掘子"[33]逐渐成为煤矿劳动力的主要来源，他们往往是在农闲期进行半农半矿的季节性工人。这一状况后来发生了变化，那些脱离了村落的流民和旅人逐渐成了专职矿工。另一方面，农村内部也产生了一种倾向，即村庄为了防止村落共同体的崩溃和流动化，他们将出走的（outlaw）专职矿工视作"伤风败俗者"。与此同时，那些一直遵从农村价值规范的矿工中间也发生了意识上的变化，生成了独特的文化和习俗。《地下的众神》一书的第二部分介绍了明治时代以降的状况，作者将标题定为"创

与之生生相惜。他们的诚实、丰富且柔软的感性化作地下的水，清洗着祖国的最深处，最终成为大众得以联合的根据地。最纯净的血的孩子才是劳动者，农民是全民族之母。"（《原点之存在》，潮出版社，1976年，第87页）

32. 当时在矿山从事挖掘、搬运工作的人。——译者

33. 同注19，第160-161页。

造"。这个部分重点讲到了矿工们的禁忌和习俗,很好地描绘了价值转换的过程。

矿工因受到农民的歧视并将其内在化,进而产生了贱民意识,加之劳动环境的显著差异,成为了农民和矿工在文化上分离的契机。农村的生活依赖太阳的恩赐和自然循环,而矿工们在地下劳动时则置身于深深的黑暗和孤独之中,并且时刻伴随着来自死亡的威胁。在短文《地下之神》(收于《故乡与幻想》)中,森崎将两者做了对比性描写:

在农耕生活中,即便每个人都比较贫困,人们也会受到出生地守护神的保护,田地里的神、水神与谷神相通,人们在死后也会魂归祖灵。在这种存在、风土与神灵发生的关联之中,人们得以共享永生的观念。即便他们离开村落或脱离农业,这种形而上的原理亦会使他们感知到那是一种普遍活着的、可以感知的精神风土,它存在于整个日本的生活当中,只要那里是太阳照射到的大地和海面。

可山里的劳动是在人们的村落底下、流经村落的河流下方、远离海岸的海底之下进行的。矿工只能在肩膀宽的洞穴中匍匐,不见天日。"这地方神呀佛呀都没有,没法说,简直就是地狱。"(略)"下井就等于豁出了性命,稍有闪失就没命了。井下还有地下水,我们得在齐腰深的水里把煤往外运，还要小心瓦斯……。神仙不会了解井下的情况，即使问了他们也会说不知道。"[34]

由上面的引文可知，对"神"的定位因农民和矿工的文化差异而具有了象征意涵。森崎根据这种差异发现，矿井里的劳动从根本上颠倒了村落共同体的传统秩序。农村的神带有情色意味且充满慈爱，矿井里的神则是缺乏能力的愤怒之神。前者作为恩惠，象征着生产和生殖，后者则作为灾难，象征着事故和死亡。

矿井里的山神与农民的山神不同，它不会化为田野之神保护农作物，不会变成生育之神帮助生产和育儿，也不会化作祖灵保护全部的生活，它没有那种亲切感和关怀。矿井里的山神像刚刚崩塌的岩壁一样粗野、冷淡、无情，它只是来宣告禁忌。[35]

这个愤怒之神的形象显示了矿工们有一种原罪意识，

---

34. 森崎和江：《地下的众神——煤矿劳动精神史》，平凡社，1974年，第257页。
35. 同注34，第259页。

就像犹太教一样。森崎常常引用矿工唱的歌曲:"马灯七盏八盏下,下井为的是父母的罪。"这两句歌词表明了"矿工的感觉,即劳动是对人的惩罚,死亡亦是惩罚"。[36] 而且在现实中,矿工们越认为劳动是一种惩罚,他们离危险也就越近。矿工们在漆黑一片的孤独中作业,常常遭受毫无征兆的突然袭击而死于非命。"对山里的人来说,非常状况总是变得日常。"[37]

煤矿生活形成了各种各样的禁忌,如家中有人出生或去世时数日内不下井,不在矿井内打死老鼠,不在矿井内梳头,不喝汤等。这些禁忌连接着矿工们的孤独的最深处——他们不得不独自面对死亡。因为煤矿事故和农村遭受的天灾不同,后者是由全村人共同承担,而前者充满了"不平等"和偶然性,无法共同承担。更严重的是,死于非命的灵魂无法回归祖灵或化身成佛,他们只能像游魂一样在"现世"不断徘徊。森崎曾介绍过很多矿工们讲述的经历,有的说遇到过幽灵,有的说被死灵附身。另外,因为生死观念不同,农村和煤矿的葬礼也不同。例如在筑前地区流传的"死忌""食遗骨"等习俗在农村和煤矿的做法就有差异。"一

---

36. 同注34,第378页。
37. 同注34,第258页。

方是祭奠地面之上的死者与生者诀别并祈祷其在灵界永生，另一方的地下劳动者则要努力拒绝同众神诀别，并为在死后的世界获得重生而斗争。"[38]

森崎敏锐地捕捉到了一点：通过意外死亡现象，矿工认识到在自己的文化中灵魂存在意味着绝对的孤独和无法化身成佛，这种认识暗示了矿工自身与死亡后成为祖灵所象征的共同体同一性之间所具有的裂痕。矿工的创造性行为是"语言所无法形容的、惨淡的、形而下的斗争"，[39] 是"立于生命感之上的对存在的把握"。[40] 正如本文第一节所述，森崎

---

38. 同注34，第383页。

39. 同注34，第380页。

40. 森崎并不是要在所有层面否定对肉体的控制。比如在评价《古事记》中的一幕，即伊耶那岐拜访黄泉国看到伊耶那美的肉体"已被蛆虫蚕食而尽"时，她认为这一段描写表现了肉体的即物性（《匪贼的笛子》，苇书房，1974年，第56—57页）。另外，森崎还区分了原初的"禁忌"和固定化了的、作为制度的"禁制"。前者指代一种活生生的、对生死、对合目的性事物的感情，这种感情传达出语言、认知、秩序的界限；后者则少有这种感情，并且带来了权力限制。"禁忌是个体与自己所描绘的某个对象进行交涉，并通过生成、死灭、交织的过程最终形成的习惯；禁制则斩断了一切，并且限制了生命之不可能性，这种不可能性内在于禁忌之中。最终，禁制使控制生命变为可能"。（《匪贼的笛子》，苇书房，1974年，第103页）上述思考让人想起朱丽娅·克里斯蒂娃的《恐怖的权利——论卑鄙》（枝川昌雄译，法政大学出版局，1984年），该书论述了基督教象征性地统合"污秽"的装置，而这种"污秽"实际上是关于"缺失"之经验的最原初的表现方式。

批判了日本文化中的同一性倾向，[41]这种倾向有意识地控制生育和死亡——人之存在的矛盾得以表现的契机，而煤矿劳动正可以说是一种暴力经验，它强迫我们去直视被同一性理念所遮蔽掉的存在之矛盾。

森崎也指出了另外一点，矿工们常常会积极主动地去质疑地面上的秩序，他们认为旧有的传统、秩序甚至信仰在矿井里行不通。比如，矿工们承认地下婚外情的自由，拒绝"地面上的性爱私有观念"。[42]此外，矿工们也常常会正面回击掌权者不讲道理的作风，因为他们有一种"平等意识——歪理即放屁"。[43]作品《漆黑》根据女矿工的口述记录写成，它强烈地传达了要求同男性平等的意识。这大概与井下劳动作业的分工不清，女性被要求做和男性等同的体力活，以及前文所提及的所有劳动者在工作时都被绝对孤独所包围有关。另外，有的矿工一方面惧怕山神，另一方面却又很感情用事地说着"这地方神呀佛呀都没有"。更令人印象深刻的是，一个女矿工讲述"赤不净"[44]的故事，这收录在

---

41. 同注34，第392页。

42. 同注34，第386页。

43. 同注34，第32页。

44. 指女性在生理期或生产时留下的东西，这些东西被认为是肮脏的，是一种禁忌，在这段时间女性不被允许参加劳动。——译者

《漆黑》和《地下的众神》中。这位女性认为矿井在神的管辖范围之外,并从意志上拒绝那些既有的禁忌。"信心,那是地面上的词儿。神也好佛也好,都是地面上的词儿,"[45]她斩钉截铁地说道,在生理期不允许进入矿井是"骗人的!""说什么赤不净、黑不净会带来污秽,那都是地面上的话。可不可以下井,不是由信心决定的,是意志!人,就是意志!"[46]

至此我们发现,煤矿劳动试图在象征层面不断地颠覆村落共同体的价值观念,但是我们还很难将其与"异族"连带的逻辑联系起来。在本文的第一节中,笔者已经指出,近代化拉进了那些曾经没有机会接触的"异族"之间的物理距离,而且民众越是处于底层,他们与异族的接触就越直接,其中处在劳动市场最底端的煤矿工人最具代表性。在近代日本的煤矿中,除了社会最底层的农民和工人之外,还有劳改犯人、被歧视的部落民、朝鲜人、冲绳人等。他们全都被投入矿井进行劳动,因此极有可能形成与"异族"的相互接触,而且这种接触不是支配与被支配的关系。然而,由于各个集团故步自封于"血缘原理"中,重新结成了"拒绝混血群体"。同时,资本又趁机"利用民众间交往理念的不成熟

---

45. 同注34,第44页。
46. 森崎和江:《异族的原基》,大和书房,1971年,第164页。

性",进一步加剧了共同体之间的分化。[47]《走出与论岛的岛民的历史》讲了与论岛的岛民被权力集团雇佣作三池的码头装卸工,他们因排外的共同体意识和三池公司巧妙的劳务管理[48]而最终未能形成长期阶级连带的经过。岛民没有去清算岛内领主和同胞们之间的传统的"支配—被支配"关系,反而继续在周边维持封闭性的共同体意识,并结成了"第二村庄",继续为资本卖命,最终导致了权利的二重结构。虽然岛民后来为改善劳动条件采取了行动,但是他们很难将村庄共同体本身相对化地加以对待,也无法跨越以工资差距为主因所造成的分化状况,最终使得联合当地的劳动者变得极为困难。例如,1918年(大正七年)的万田煤矿纠纷和1924年(大正十三年)的三井三池煤矿纠纷都与他们无关。此外,与论岛岛民因不满待遇上的歧视最终爆发了陈事件[49],然

---

47. 众所周知,同多山的筑丰煤矿相比,大资本三井旗下的三池煤矿在管理经营上遵从合理主义的做法。《走出与论岛的岛民的历史》一书反复指出,三池煤矿对那些传运工采取避而远之的策略,因为他们的工作条件很容易形成阶级意识,相反煤矿更愿意雇佣囚犯、离岛民和老百姓。

48. 1918年,当时的码头主任陈种次郎成为众矢之的。——译者

49. 将劳动者集中到一定地点,对其劳动、生活的各个方面进行半封闭或封闭式管理的制度。该制度起源于明治时代前期,在其后的数十年间因其对劳动者的各种强制劳动措施等而引发了多次大规模抗议。除本文中提到的三池煤矿以外,麻生矿业等也是施行该制度的代表。该制度一直到"二战"结束后才得到一定改善。——译者

而岛民在行动中没有接受周边劳动者的帮助，最终孤立无援。

上文提及的管理策略——通过维持下层团体间的分化进而阻止阶级内部的团结——实际上并不仅仅被应用在了离岛民身上。众所周知，矿工处于劳动力的最末端，在由煤矿直接管辖以前，他们一直受到臭名昭著的纳屋制度[50]的压榨。也即是说，不是矿主直接管理矿工，而是纳屋的头目把劳动力来源、工资的支付、生活管理都承包下来。森崎反讽式地记录下了纳屋头目的专横跋扈的同时，也严厉地批判了多重管理结构所造成的压抑性。我们通过《地下的众神》可以了解到，纳屋头目不仅从矿工吃住生活中榨取利益，而且通过买卖劳动力和矿主建立了密切的关系。这种"注重人情关系的风气"也构成了矿工的压迫。[51]

另外，森崎还告诉了我们掌权者往往会设法抢占矿工们独自创造的神的观念和习俗。那些拥有煤矿的企业以与国家神道结合的形式设立山神社，将"劳动者意识到身为劳动的共同从事者时所感受到的救济之神"转化为"劳动管理者之神"。[52]

---

50. 同注34，第300-301页。

51. 同注34，第414页。

52. 关于"交流圈村"的具体介绍，可参阅大石真一郎《"交流圈村"——战后交流圈运动的顶点》（思想科学研究会编《共同研究集体》，平凡社，1976年）、松原新一《幻影公社——检验"交流圈村"》（创言社，2010年）。

劳动者若要从根本上切断上述过程，他们只有有意识地脱离权力的"二重结构"，独自建立起同"异族"交往的回路，而在近代化内部，机会恰恰存在于现实的煤矿劳动这个场当中。因为煤矿劳动让进入无产阶级的"异族"在物理意义上走到了一起，它将传统共同体的秩序相对化，并且在不否定他者的他者性的前提之下，努力实现同其他个人或共同体之间的阶级连带。然而，对底层民众的暴力性排斥与监视也在加强，使上述行动变得极为困难。再加之，人们难以意识到同化主义共同体的暴力，共同体和国家权力的"二重结构"等，严重阻碍了"异族"间的接触。最终，煤矿中"异族间的相遇"与殖民地等其他劳动场域的问题一起，作为一个课题遗留到了战后。

阶级连带的挫败——煤矿的消失

1958年9月，森崎与谷川雁、上野英信等人联名创办了杂志《交流圈村》[53]，并将该杂志作为"九州交流圈研究会"的会刊。《交流圈村》的内容以文化活动为主，虽然有意识地与政治保持了一定的距离，但并没有将"政治"和

---

53. 座谈会《集体创造的态度》，《交流圈村》，1960年2月号，第2-10页。

"文化"完全对立起来。例如,《交流圈村》的核心概念之一"集体创造"就是为了克服资本主义生产关系造成的"异化"[54];《交流圈村》和工会的关系则是"既互相表里对抗又联合"[55]。

限于篇幅,笔者在此无法详细介绍森崎本人的思想同《交流圈村》的关系,接下来试着通过几篇文章来了解她对《交流圈村》的批判。其中一篇是《破坏性的共同道路——活动圈的一年与此时此地》,该文发表在《交流圈村》1959年10月号,后收录于《非所有的所有》。森崎在文中批判了《〈交流圈村〉创刊宣言》中的核心概念"东洋之'无'"及"沉默"。谷川雁的思想浓厚地反映在了"创刊宣言"中,他认为日本的传统共同体在沟通时不需要一个明确的观念,因为他们使用的是"东洋之无——沉默与空白"。"创立交流圈的主要目标"就是"在不破坏它的性质的前提下使

54.《深究集体的意义》(《原点之存在》,潮出版社,1976年,第68页)。另外,《交流圈村》的"创刊宣言"中亦有如下内容:马克思在《资本主义生产以前诸形态》中提出了原始共产制下的三个特征:斗争、会议、生产。我们的工会对应于"斗争"、交流圈对应于"生产",双方相辅相成,而且伴随着阶级关系的扬弃,它们之间的界限也终将消失(同上,第68-69页)。
55.《原点之存在》,潮出版社,1971年,第70页。

其显现"[56]。森崎在《破坏性的共同道路》中引用了上面这段内容并指出,"创刊宣言"所说的那种共同体在当今的日本早已被破坏殆尽,而且现在民众中间所出现的"沉默"实际上与"共同的丧失感"相关。"仅仅将旧有共同体的连带意识理论化"无法给当下断裂的共同体以"致命的一击"。[57] 森崎的主张虽然内容不甚明确,但如果再结合她在《〈交流圈村〉创刊宣言》(收于《与母国的婚姻幻想》)中的追忆便会发现,与会员们想要急切地恢复共同体相反,森崎则是要积极地否定共同性。

令人遗憾的是,《交流圈村》仅持续了两年便被迫停刊。在这个过程中影响最甚的是一波接一波的反对合理化斗争。众所周知,煤矿在当时受能源革命的影响,成为了夕阳产业,而加速了产业合理化。三池煤矿于1959年宣布大幅裁员,当劳工明确表示抵抗时矿方强制实行了指名解雇、停工等措施,一直持续到第二年。之后,虽然三池工会发动了全

---

56. 森崎和江:《非所有的所有——性与阶级备忘录》,现代思潮社,1970年,第96-97页。
57. 关于大正煤矿反对合理化运动的详细经过,可参阅《斗争与爱神》中的一系列文章、田中正直《大正矿业始末记——劳资对立的悲剧》(大正矿业精算事务所,1965年)、谷川雁《无之造型——六十年代论稿补遗》(潮出版社,1984年)。

面罢工，但是国家和资本却联合起来组织了第二工会并使用暴力击溃了罢工运动。与此同时，森崎的主要根据地——大正煤矿也爆发了反对合理化运动。在一系列的运动中，《交流圈村》于1960年6月第21号上发行特辑"三池吹来的风"，之后便迅速停刊，到9月份又复刊。从复刊后的版面可知，杂志的内容迅速地从文化运动转向了政治运动。

但是，森崎一直注视着《交流圈村》的内在弱点，她对主笔谷川雁的急速转向产生了怀疑。因为她从这种转向——从近乎停滞了的文化运动到"红红火火"的政治斗争——中看出了一种欲望，这种欲望有悖于发掘"集体的意义"。事实上，在60年代末成立的大正行动队以及其后展开的各种反对合理化运动中[58]，森崎一直对集体的存在方式提出了尖锐的批判。

原本，反对合理化运动若要避免重蹈战前劳工运动的覆辙，就应当尽可能地将集团内部的权力关系民主化，并且通过拒绝集团间的分化以维护阶级连带。可是从森崎一系列的作品（《斗争与爱神》《非所有的所有》《与母国的婚姻幻想》）可知，当时的状况远比处于安定期的文化运动恶劣，

---

58. 同注56，第47页。

而且阻碍了集体发展走向成熟。大正行动队坚定拒绝阶级分化，始终采取对抗资本的态势，他们将直接的斗争的对象从大正煤矿扩大到了提供资金的福冈银行。可另一方面，他们与共产党和炭劳（日本煤炭劳动工会联合会）也保持着一定的对立，最终陷入了孤立无援的境地。正是在这种孤立无援的状况下，集团内部的封闭性和权力的过度集中开始显现，进而不断地发生左右分离或分化的危机。其结果便是，当初标榜全体辞职和封山的大正行动队现在不得不与炭劳和公司达成妥协，最终分化为残留队和辞职队。到1962年6月，由辞职者为核心组成的大正煤矿辞职者同盟又因资本枯竭领不到退职补偿金，最终再次妥协。劳动者们被迫进入了劳动力分包市场，再次陷入被资本压榨的境地。再后来，到60年代中期，大正煤矿被迫关闭，没有留下什么于割断日本村落共同体性质有价值的遗产。

　　阶级连带遭受的挫折是占绝对优势的资本导致的必然结果吗？还是劳动者在跟资本做斗争时犯了政治策略上的错误？事实上，面对得罪了国家与资本，处于压倒性力学关系中的反合理化斗争，森崎并没有为其受挫的历史开出具有实践意义的处方。她对那些以现实斗争有效性的名义而主张保留传统集团以及共同体特性的人或许是持批判态度的，就这一点而言，她更多的是一个原理主义者而非实践主义者。而且森崎似乎常常将斗争所受的挫折视作前提，固执地认为应当把新的连带的原理当作遗产留给下一代。当然，如果我们在此说她的批判对象仅限于微型权力，那就大错特错了。因为森崎早已通过历史明白，共同体特征的残留才是微型权力的温床，而且她充分意识到无法打出新的连带理论的反对合理化斗争只会启动下一次同政治权力和资本的对立。

森崎通过对反对合理化运动的考察发现，大正行动队和大正矿业辞职者同盟被权力的二重结构重新收编的过程极为复杂。反对合理化运动被抽丝剥茧后，劳动者毫无戒备地加入到了新的资本主义生产关系当中。自不待言，在整个过程中占主导地位的是拥有绝对权力的资本家。但是森崎同时也严厉地指出，劳动者面对这一系列的动向根本没有采取批判的态度。在她看来，战后以"交流圈村"为首的矿工运动也具有同质性的集团主义倾向，没有否定掉权力二重结构中发挥作用的传统共同体的存在方式。

在《没落的解放之路》（收于《非所有的所有》）中，森崎发现劳动者是基于一种"解放心理"去封禁矿山的。正如下面这句话告诉我们的："山里的生活处处都要受工会管制，人就跟粘在锅底的米粒儿一样。"工会给矿工的生活设立了烦琐的规定，炭劳总部派驻的"山中指挥部"亦单方面监视矿工。森崎批判性地把握到，劳动者在这种情况下被剥夺了自身的主体性,"他们(劳动者)不论是在资本家那里还是在自己的组织里,都被当作一个符号控制着"。正因如此,劳动者将封锁矿山理解为脱离组织的束缚并获得自由,是一种解放。

当然,劳动者离开矿井之后在新的工作场所还是无法获得自主性。这种走出小集团的"解放心理"被资本家巧妙地利用了,比如某些招收女工的机构。在《买人组织与山里的媳妇》(收于《非所有的所有》)中,男性劳动者因参加反对合理化运动大多处于停工或失业状态,他们的妻子开始到周边的工厂做工,并体会到了从家庭解放出来的感觉。过去只能做"妻子"和"母亲"的女人们现在有的痛快地花着到手的工资,有的寻了新的恋人,她们因成为"上班族"而信心大增。与此同时,那些因循守旧的丈夫们仍然把家务劳动视作女性的本职工作,认为女性去做工只是"辅助性的个人劳动",这种家庭观念也加强了女性的解放意识。

久而久之,劳动阶级内部出现了新的等级次序,一方是参与反对合理化运动的男性,另一方是先于男性成为了分包工人的女性。女工们视分包劳动为一种"解放",因为男人们"属于炭劳",有一种微弱的特权意识,他们视自己为"上层无产者"。但是另一方面,女工内部也会形成等级阶序。她们工作了仅仅几个月后便自称"老手",将新近从煤矿过来的人称为"新手",她们要独自享受那种"下层无产者"的"解放感"。[59]"老手"们常常叫嚷着"这儿可不是煤矿""不许鼓吹什么劳动者"之类的话来打消"阶级意识";或者不断改换对"新手"的安置办法以阻碍"新手"成为熟练工。

对于上述劳动者之间的敌意,森崎并未给予全盘否定。因为阶级内部的分化催生了一部分"特权"劳动者,但另一方面只要它对他们或她们是作为一种或有形或无形的桎梏在发挥作用,憎恨"上层无产者"或沦为"下层无产者"都会持续地刺激劳动者的"解放"意识。而且只要工会继续压抑劳动者的主体性,只要家庭继续束缚女性,劳动者们就会有足够的证据将脱离工会和家庭视作"解放"。森崎比任何人都严厉地批判了小集团与宏观权力之间的深层勾结,她认为劳动者的感情表现极其宝贵。因为共同体成员针对自身被动接受的压抑性的统治而主动提出质疑是一个不可或缺的契机,这个契机能够纠正旧有共同体的错误。然而,劳动者那少得可怜的主体性早已被资本盗取得一干二净。

---

59. 同注56,第48页。

劳动者只差一步便可获得自我认识时，社会状况却好似电梯一般，将他们推向了新的境地。他们看似要主体性地向前迈出一步，然而在前方的落脚之处，他们所追求的生活原理已经没有任何实现的可能。[60]

另一方面，反对合理化运动没有能够将集团的封闭性相对化，更没有实现广泛的阶级连带。[61] 劳动者内部的分化并不止于辞职队和残留队。他们"抛弃了煤矿"之后，其他地方的矿工又会因为煤矿关闭或是煤矿的合理化调整来到这里继续工作。这些新到来的矿工"视工作为恩惠，被再次编入产业二重结构的底端"，因此辞职者同盟和工会都没有与他们建立"内部联系"。[62]

此外，那些被煤矿赶出来的矿工在新的工作场所里，他们以及她们自身在阶级内部中也处于相对弱势的地位。坚贞不屈的劳动者在为退休金做斗争时，非但没有形成新的阶级连带，而且还重新制造出积极支撑宏观权力的传统小共同

---

60. 同注55，第56页。
61. 同注55，第58–59页。
62. 大正行动队队长的弟弟强奸并杀害了组织成员之一的妹妹，这个事件使森崎深刻地意识到组织内部既存矛盾的尖锐程度。

体。失业者往往沦为分包工人,他们最终得到工作都要经过三四次的分包。合理化政策下的煤矿附近到处是有人情关系的私人组织,有的组织试图通过中介转往北九州等工业地带谋求生计。时间不长,工会和辞职者同盟的干部又成为中介的当家人,他们通过人情关系控制了这些私人组织。劳动者在恶劣的工作条件下没有表示不满,其原因之一便是他们都遵守"听从当家人"这样的语汇中所表现出来的自我规定的方式。他们认为当家人"将感情虚拟地凝聚在一起,是他们同敌人沟通的媒介"。[63]

然而,这种人情关系并不能在雇佣关系中起到保护劳动者权利的作用。工厂里也没有分包工人所属的工会。他们或她们从大公司或母公司的御用工会那里连"恩惠"都得不到。更有甚者,大公司的工会对"尚未组织起来的劳动者而言只是压力集团,实际起到的作用是第二管理部门"。[64] 我们仔细观察便会发现,那些拥有共同立场的封闭小共同体实际上一边助长上层权力,一边又有着互相排斥、欺凌的结构。森崎一针见血地指出,正是他们或她们组成的传统小共同体支撑着日本整个产业的二重构造(大企业—中小企业、

---

63. 森崎和江:《斗争与爱神》,三一书房,1970年,第261页。
64. 同注5,第90页。

母公司—子公司）。

煤矿"独立解放"的经验没有充分转化成阶级连带的思想，甚至渐渐被人们遗忘。劳动者在新兴产业园区又建成了形态与过去村庄不同的新的村庄。下面是对"没落的解放"运动的枯燥无味的总结报告：

在核心产业撤退之后，蜂拥而起的并不是解放了的劳动者而是那些失业者，他们脱离了劳动组织之后又迅速地通过人情关系再次组织起来。这些失业者被吸收到新产业或大型企业的分包部门。母公司与他们没有丝毫瓜葛。辞职者同盟中大部分依然登记在册的成员直接加入到了这个大军中，直至今天总部也没能掌握他们的去向和行踪。[65]

高度产业化时代的被驱逐者——从废墟出发

曾经，离开了村落的矿工们忍受着井下劳动的孤独，悄悄地反思和酝酿着走向村落共同体反命题的可能性，尽管这种可能性没能完全创造出新的连带思想。同样，关闭矿山之后的社会实现了显著的产业化，而村落式的统合露出了裂

---

65. 同注63，第262页。

隙，森崎从中看到了微弱的星火。

在反对合理化运动末期，谷川雁和森崎这对恋人之间发生了严重的分歧。森崎以小说的形式再现了那个过程。在《斗争与爱神》第十三章《雪之焰》中，面对反对合理化运动走向困境，室井急于设定新的路线并为此重新组织群众，而契子却提出了异议。她认为在斗争处处受阻的情况下应当注重检讨每个人的失败经验，而非迅速重组。室井对反应有些迟钝的劳动者们显得不耐烦，他将契子的行为骂作"搞分裂"，武断地禁止了契子和劳动者之间的所有联系。契子反驳道：劳动者和组织并不是室井的"私人物品"！森崎后来又在《〈交流圈村〉创刊宣言》中追忆起自己当时的想法："我当时很不理解其中的意义，在反安保斗争和三池煤矿事故发生后，集团内部已经变质，但他还是坚持要为劳动运动找一个突破口，即便方向错了。我觉得在那种情况下组织崩溃了是可以理解的，但必须让他们学会自立，我们不能花言巧语去煽动。最后我只是喊了一句'自我增殖主义是劳动阶级的敌人！'便退出了。"[66]

森崎在反对合理化运动的内部和外部都看到了矛盾之

---

66. 同注63，第286页。

处。她期待能够出现一种"沉默",[67]这种沉默能够直面矛盾的状况,拒绝向被给予集团的无条件同化。而现实中,即便这种感性的思考本身在面对依靠人情关系组织起来的生产关系时会显得微不足道,它也至少能够起到刹车的作用。

《来自筑丰的报告——日本的断层·六九年到七零年》记录了筑丰地区在矿业撤出后逐渐呈现出的三种"基本感觉":第一,"中小分包公司云集,似乎成了世上唯一的产业形态",[68]最终必然地被挤到了整个产业链的底端;第二,"对分包公司进行消极抵抗",[69]具体表现为,劳动者在现有的剥削制度下拒绝工作,依靠社会保障金维持生计;第三,"积极抵抗拥有高新技术的大企业和分包制度以及二者

---

67. 同注5,第115页。

68. 关于大众的"沉默"和"无",森崎的看法与谷川雁不同。谷川指的是民众成为"工作者",在失去话语权之后的"沉默"与"无"。这其中往往包含民众的混沌的集体能量。但是正如本文第三节所示,森崎已经指出:"当东洋之无消耗殆尽时,它便会显露出自己的薄命本质和封闭性",它与"新生的沉默"是不同的(《非所有的所有》,第96页)。简言之,森崎所说的"沉默"是指所有个人在彻底脱离了传统共同体之后,有意识地拒绝所有强加而来的束缚。森崎想要强调的便是这种否定性。另外,森崎的女性主义思想与此有直接关联,她十分警惕"女性"所受到的传统权力束缚,并帮助他们树立起自身的主体性(请参阅拙稿《庶民的团结如何可能?——试论森崎和江的〈第三性〉》)。

69. 同注5,第88页。

造成的产业结构两重性",[70] 具体表现为,一部分"流民"工作一段时间后便辞职,然后依靠失业保险过活,如此反复。

那些依靠失业保险或生活保障过活的人往往会受到歧视,但他们对这种流离的生活方式仍然是有一定复杂情结的。正因如此,森崎才会对他们抱有同感,她认为这些统治秩序外部的障碍是"感情上的无业主义者",他们自主自发地进行抵抗。这是矿工们被村落共同体排挤出之后,在底层劳动中历练而成的精神;同时也表明了一个出生在殖民地、将日本当作"异国"看待的女性的世界观。

我出生在殖民地,并且因性别差异而徘徊于各种暧昧不明之间。每当看到那些被歧视与被排挤的矿工,我都有一种同病相怜之感。我在侮蔑日本的同时却又来到了日本,现在还吃着这里的饭。我始终无法将其视为祖国,我更偏爱矿工们的想象力。这里面肯定有什么荒谬之处。他们有两种分类方式:就业和失业,这影响了我看待那个世界的方式。他们反抗生产手段由资本单独支配,抗拒劳动者的被奴役性。他们认为从个人生存所需到全部生产手段的核心部分都应当

---

70. 同注5,第88页。

实现共同占有，这是扬弃了私人所有之后的共同所有即无产阶级所有。正因此他们才视无业为本业，拒绝资本的逻辑。（《非所有》，第85页）[71]

我们在此不能将森崎对矿工们抱有的同感理解为一个少数派的心理自慰。森崎深刻地认识到，产业结构二重化本身促使失业者沦为流民，而这些流民本身便是对当前产业结构的最激进的反命题。与流民相比，固定职业者和企业内部的劳工组织明显是保守的。如前所述，企业内部的工会将分包工人之间的分离制度化，而分包工人为了换取有限的条件改善，只能进一步地被固化在劳动流程中。反对合理化运动也只联合"保护被选定的劳动者"。[72] 所以"我经过一番思考意识到，我们不能一味地沉湎于自我安慰而最终结成一个同质性的组织"。[73]

流民劳动者们十分警惕自己的连带最终会沦为既有权力结构的附属物，他们有意识地拒斥他人强加的各种规定。因此流民劳动者有潜力创造出一个新的组织，并通过这个组织

---

71. 同注5，第88页。
72. 同注5，第132页。
73. 同注5，第75页。

超越正式工／临时工及其所属企业之间的身份差异。森崎看到了一些这种组织的萌芽，比如在领取失业保障金期间，一些流民像打游击战式地加入到自己临时工作场所周边的小集团里，还有筑丰地区的青年团也开始与分包工人接触，他们都认为应当超越那种在有限的空间内结成的封闭性组织。他们需要的当然不是同种同化的理论，而是能够承认他者的他者性并依此建立起连带的技术和思想。

我们的连带始于相似意识间的对决。相邻的两种感觉通过互相发掘对方的异质性而连接起来。只要能够将这种相互关系不断地对外界开放，我们就能够创造出具有创造性且多角度的连带。[74]

所以从这个意义上讲，流民劳动者继承了往昔矿工们的精神，他们是新时代的被遗弃者。他们在遭受歧视的同时又主体性地拒绝村落式的统治，他们那里潜藏着打破同种同化传统并实现阶级连带的能量。那是一种面对光明时选择继续留在黑暗之中的顽强姿态。在实践的有效性方面，他们的确

---

74. 同注5，第75页。

会因激进主义式的做法而付出代价，但只要还手握改变世界的契机，他们作为被遗弃者不仅不会妨害光明的理论，而且还会为我们最大限度地展开反击提供持续的可能性。

分化了的小共同体在宏观型产业撤退之后，蜂拥而至生产。我们的工会对应于"斗争"和活动圈权力结构的从属之外，流民们自信地活着。森崎就像往昔矿井内自由的爱神和生命的气息一样，为他们送去了温暖的呐喊和鼓励。他们与曾经的矿工一样拥有无可替代的宝贵生命，他们不仅仅是即将到来的理想社会的地基。作为被遗弃者，他们逃离共同体后在同化秩序的边界得到了荣耀。矿工们曾经在矿井内恋爱、生育并迎接死亡的到来，森崎一边唤醒人们对矿工的记忆一边说道："流民在自身内部邂逅的，是毫无粉饰的人类的荣光。"[75]

---

75. 同注5，第134页。

《波拉特》、多元文化主义、多民族主义[1]

[美]李善宇

张静 译

---

[1] 原英文载 *Slavic Review* vol. 67, no. 1 (Spring 2008) pp. 19-34。经斯拉夫、东欧和欧亚斯研究协会允许翻译和出版。李善宇（Steven Lee），加州大学伯克利分校英语系副教授。（Steven Lee: Associate Professor, English Department, University of California, Berkeley.）

向格里高利·弗雷迪（Gregory Freidin）、艾米利亚·格拉斯（Amelia Glaser）、托马斯·马兹（Tomas Matza）、克瑞斯·斯托普（Chris Stroop）及两位匿名审读者致谢，感谢他们的洞见和帮助。也要谢谢妮娜·班达仁罗夫（Nina Bagdasarova）、瑞恩·普多斯基（Ryan Podolsky）和2005年夏天在吉尔吉斯斯坦首都比什凯克的学生们，是他们让我有机会了解到很多新想法并最终导向了这篇论文。在此表示文责自负。

在苏联,"多民族主义"(mnogonatsional 'nost')和"民族情谊"(druzhba narodov)在某种程度上是这个国家的名片,但在苏联时期的实际政治里,"社会主义文化的民族形式"与多元文化主义极其相似,只是换了个名字而已。

——瓦列里·季什科夫(Valerii Tishkov),
Rekviem po etnosu

"你人在年轻又时尚的土地上了,"纳纳波科夫先生说,"听好了,我们的米莎呀,他要去做民族事务部的政委了。"

"是多元文化事务部部长。"我轻声纠正他。

"多-元-文-化,一个多好的词啊,帕卡,你应该把这个词写进你的新的塞沃词典。"

"我的词典只存真正的词。"帕卡揉揉鼻子。

——加里·施特恩加特(Gary Shteyngart),
《荒谬斯坦》(*Absurdistan*)

谈到2006年萨沙·拜伦·科恩的热门影片《波拉特》，常有的共识是与哈萨克斯坦相比它同美国更为相关，它揭露了美国国内而不是国外的不平等。枪火店的店员答应了波拉特购买一件更强力武器来对付犹太人的要求。喝醉的兄弟会哥们儿叫嚷着贬低女性的脏话。当然，开头和收尾的村庄场景也不是哈萨克斯坦而是在罗马尼亚拍摄的。实际上，波拉特的"哈萨克"是一个亚美尼亚、希伯来、波兰和俄国的混合体。借由这些细节，这部影片不仅可以逃脱粗俗及麻木不仁的指控，还能拿它来做一点学术性的小讨论。

虽然影片的目标市场是美国中部——选择哈萨克斯坦的真正原因是没几个美国人听说过它——但我也把《波拉特》看作是就提升少数民族权益而在美国和苏联模式之间而进行的近十几年来最晚近的一次交流和碰撞：一方是公民权利和多元文化主义；另一方是多民族主义（mnogonatsional'nost'）和民族情谊（druzhba narodov）。差不多整个20世纪美国和苏联都在夸耀自己的国家包容度，声称自己的制度全球优越，抨击对方没有达到目标，失败了。苏联官方钟爱的宣传话题是美国南部种族隔离制度，美国的国会议员们则会一再提起苏联的反犹主义作为回击。实际上，这些互相攻击带来了很多好的后果，比如对吉姆·克劳法的国际审查；放宽了对苏联籍犹太裔的移民政策。正如一位法律史学家所言，莫斯科持续广播华盛顿的丑事帮助了民权法案修正案的通过。[2]

以《波拉特》片中的场面来看，显然，看上去多元文化主义获胜了，影片展现出了现实中社会主义国家的低容忍度和穷困。但也要看到这是一个代价惨重的胜利，《波拉特》以它对文化辨认的强调，揭示了多元文化主义的局限，但也使人回想起之前并不久远的，明显是以阶级划分为基础的苏维埃替代模式。这篇文章有三个章节，每一章都以它文化上的参照来讨论这部影片。第一部分是左翼对多元文化主义的批评与《波拉特》的纠结，涉及到左翼批评的先锋、斯洛文尼亚哲学家斯拉沃热·齐泽克（Slavoj Žižek），以及最近另一部来自美国的与哈萨克斯坦相关的电影。第二部分由《波拉特》谈到如今几乎已被遗忘的美国少数族裔由"多民族主义"而重获希望的历史，20世纪30年代很流行的格里高利·艾克桑德罗夫（Grigorii Aleksandrov）导演制作的苏联电影《马戏团》（*Tsirk*），赞美的就是这段历史。在最末章节讨论《波拉特》的立场，它既没有选择多元文化主义，也没有选择"多民族主义"，而是两者之间的持续对立，甚或"第三条道路"。为了大致了解那会是怎样一种情形，文中将会讨论《荒

---

2. Mary Dudziak, *Cold War Civil Rights: Race and the Image of American Democracy*, Princeton University Press, 2000, p. 12, 15, 26–46.

谬斯坦》这本小说，它是《纽约时报》评出的2006年的年度十佳之一，作者加里·施特恩加特是苏联犹太裔美国小说家。

关于多元文化主义的两次拍摄：《波拉特》和《中亚高丽人》

《中亚高丽人：不可靠的人》是密歇根大学一部关于仍然居住在哈萨克斯坦境内的朝鲜族的纪录片，它与《波拉特》在同一周内上映，把这两部影片放在一起讨论将有助于坐实后者同美国多元文化主义的关系。《中亚高丽人》的拍摄地是阿拉木图，然后在华盛顿、安娜堡和斯坦福做了试映，纪录片讲述了一个悲惨的故事：1937年，定居在乌苏里江东岸普里毛利的朝鲜族在毫无证据的情况下被以日本间谍嫌疑而驱逐，接着是这些朝鲜族人怎样先后称自己为苏联朝鲜族，哈萨克斯坦朝鲜族，和"中亚高丽人（Koryo Saram）"（而在朝鲜半岛"高丽"这个称呼早已不再使用了），而始终保持了一种混合但可区分的身份认同，保持着他们的各种传统。[3]

---

3. 我在哈萨克斯坦和乌兹别克斯坦做了一年的研究，研究苏联朝鲜族的历史和文学。我是这部片的顾问，并且组织了2006年11月在斯坦福大学的试映会，更多关于苏联朝鲜族的信息，可参考，"An Early Soviet Ethnic Deportation: The Far-Eastern Koreans," *Russian Review* 54, No.3 (July 1995), pp. 389 – 412; 以及 "Koryo Saram: The Koreans of Central Asia,", http://www.koryosaram.freenet.kz/（last consulted 27 November 2007）.

在斯坦福举行的试映会上,在哈萨克斯坦国立大学任教的历史学家,苏联朝鲜族问题的资深专家泽曼·尼古拉维奇·金(German Nikolaevich Kim)笑称《中亚高丽人》是"反《波拉特》"。他的意思是,当然纪录片的主张就是要展现真实的哈萨克斯坦,反对虚假的好莱坞版本,但金的区分仍在指明这两部影片是基于文化差异分头拍摄的。说简单点,就是《中亚高丽人》提供了一个美国多元主义文化的教科书样板——赞美和肯定一个有着被迫害历史的少数民族:承认这一族群的文化特殊性,以及他们最终战胜所述压迫的坚韧。[4] 纪录片对杂糅的一再强调标志着这一模型的最新改良——既要

---

[4] 当然,对"多元文化主义"有太多抵牾的意见,因此也让这个词变成了一个"空洞的能指"。狄莫斯·鲍威尔(Timothy Powell)将这个词追溯到1960至1970年间的社会运动,依照他的叙述,因为这些运动都是"极为无中心的",不可能加以单一定义。尽管,他又补充说,所有卷入的群体"对于文化自决的意识形态全都深信不疑"而联结在一起。鲍威尔反对任何"将自有历史的独特的多种文化视角的多重性转译为哲学上的诸种抽象的企图",对此,查尔斯·泰勒(Charles Taylor)非常认同,并在大量的关于理解多元文化主义的文章中引述了这一观点,这些理解包括由普世主义得出贱民身份认同,在享有平等尊严之政治(按照普世主义被包括进来的权利)和差异的政治(保留独有的身份认同的权利)之间的摇摆不定。参见:Timothy Powell, "All Colors Flow into Rainbows and Nooses: The Struggle to Define Academic Multiculturalism," *Cultural Critique*, No. 55, 2003, p.159, 155, 177w9; Charles Taylor, "The Politics of Recognition," Amy Gutmann, ed., *Multiculturalism*, Princeton, 1994, pp. 36–39.

在苏联的土壤扎根——但也不会以所有的尊敬去交换，做一个"他者"。[5]《波拉特》则相反，浮夸炫耀，一再捉弄美国多元文化主义已建成的神圣的"他者"边界。拜伦·科恩的影片，简短说，就是扭曲了的多元文化主义：表演出来的那些美国人都知道要尊重不同的文化，接受过"多样性就是我们的力量"的教育。但当"多样性"是一个不洗澡的，还在纽约地铁车厢里放出来一只鸡的哈萨克记者时，美国人民会怎么对待？

复杂之处在于这部喜剧片伪装成是纪录片，声称要促进美国同哈萨克斯坦之间的互相了解——所以它完整的片名是《波拉特：为了建设伟大的祖国哈萨克斯坦而学习美国文化》，与真实纪录片《中亚高丽人：不可靠的人》比较就会发现：它们都以引人注意的外国名字开头，但是紧接着《中亚高丽人》承诺了个人——虽然是一个神秘的"不可靠"的个人——而跟在《波拉特》后面的词汇却拒绝做这样的限定。拜伦·科恩的副标题的长度和措辞已然预示了电影笨拙

---

[5]. 对于这一转变的理论基础，参见 Stuart Hall, "New Ethnicities," in James Donald and Ali Rattansi, eds., *Race, Culture and Difference*, Sage, 1992, pp. 252-260。对这一理论的批评意见，参见 Rogers Brubaker and Frederick Cooper, "Beyond 'Identity'," *Theory and Society*, vol. 29, No. 1, 2000, pp. 8-9, 30-31.

的差异性：它不是要记录或者赞赏一些不为人所知的文化而是要继续不可控地在错译、漏译、直译中横冲直撞。波拉特穿丁字裤做日光浴，同自己做妓女的妹妹亲热，这都在阻止我们拥抱差异，还有他几乎一贫如洗的村庄——波拉特乘着一辆马拉的汽车登上旅程。《中亚高丽人》也走访了哈萨克斯坦的一个村子，但影片关注的是一场混合了朝鲜族传统和俄国伏特加的盛大婚礼。西方观众也能欣赏、享受这场多元文化的庆典：在影片中的一场我们看到影片的韩裔美国导演试着与其他婚礼宾客共舞，新郎和新娘坐在一辆扎着彩带的奔驰车里离去。

用一种不值得尊敬的文化给西方观众带来冲击，无疑会引出后者屈尊俯就的快感，《波拉特》可用来为齐泽克经常发起的对多元文化主义的攻击作证。在他涉猎广泛的写作中，这位拉康派马克思主义者始终坚持所谓尊重他者是一个托词，它包含着一种不曾言明却又无处不在的权力不均。根据齐泽克的说法，"自由主义的'容忍'纵容民俗学家剥夺他者的实质再进行处理——就像现代大都市里不计其数的'民族特色餐馆'；而任何'真正'的他者都会立即被斥为是'原教旨主义'，因为对他者的核心限定是它具有愉悦：'真实的他者'都是由'家长制''暴力'来定义的，而不是轻盈的智慧和魅惑的传统。"[6]拜伦·科恩的假哈萨克恰恰是这个"真实的他者":波拉特对女性、暴力和犹太人的看法是彻底的家长制,而不是轻盈的智慧,他宣称但不做任何解释,"我追随鹰隼"。他没用哈萨克特色名菜"别什巴尔马克"招待宾客,而是拿着装在白色塑胶袋里的他的大便。影片的核心笑谈是美国多元文化主义并不能涵括愉悦(依照罗兰·巴特的定义它等于性释放);剧情从"学习文化"转移为不受束缚的性——波拉特追着梅拉·安德森跑遍了美国,并最终导致他同制片人阿扎马特光着身子大打出手。

我们不要轻易就放弃多元文化主义以及它对平等的追求,不过,先来深入地探究一下齐泽克的批评。齐泽克说多元文化主义为全球资本主义的精英服务——他们借此从任何单一文化中得到解脱,并对那些非常受限的人们抱有优越感。就是说,这些精英通过宣称尊重多元文化来维持他们的优越。结果便是以隐蔽的方式维持了这种施恩的态度——上

---

6. Slavoj Žižek, "Multiculturalism, or, the Cultural Logic of Multinational Capitalism," *New Left Review*, September-October 1997, p. 37.在这里齐泽克使用的是拉康意义上理解为已经逃出了象征秩序的"真实"。在这个语境中,象征秩序显现为拜物化的"民俗学家的他者",与只能通过否定(不是……,不是……)来定义的"真实的他者"。相反,齐泽克并没有拿出一个现成的"真的他者"放在"民俗学家的他者"之前。

层和中上层阶级的欧洲中心主义。"换句话说,多元文化主义是民族主义的一种反转、自我指涉和抵赖的形式,一种'保持了距离的种族主义'——它尊重他者的认同,将他者构想为一个自我封闭的'自治'的社群,而多元文化主义者面向这一社群保持相当的距离,从他享有豁免的普世性立场提出可能性。"[7] 这种"保持距离的种族主义",正如我们在《波拉特》中在阿拉巴马州独立大道的豪宅宴会上所见到的。"我想文化差异是极为可观的,"发型整齐的女主人说,"我感到他招人喜欢,用不了多少时间他就能非常美国化。"每个字都透着傲慢和俯就,虽然裹着一层尊敬的糖衣,说完这些,她表示愿意训练拎着大便的他者使用马桶,变得愈加居高临下。可是,当我们的主人公邀请来的客人,黑人妓女露奈尔衣着暴露地出现时,这种精英的容忍态度终

---

7. 同注6,第44页。有趣的是,齐泽克在此似乎同意了刘大卫(David Palumbo-Liu)对多元文化主义的辩护,刘要争论的是通常被人所知的"身份政治"不具备解放的功能而是将个体限定在"社会角色类型"中。"……问题不在于如何在古典的社会学意义的'身份'之外获得额外的认同,而是如何从一开始就得到这个身份,也就是说,要摆脱在民主互动的框架中个体身份一旦构成就落入其内的那个类型。David Palumbo-Liu, "Assumed Identities," in *New Literary History* 31, No. 4, Autumn 2000, p. 773, 778.
关于刘大卫所号召的"批判性的多元文化主义"可参考刘大卫所写的序言。David Palumbo-Liu, *The Ethnic Canon: Histories, Institutions, and Interventions*, University Of Minnesota Press, 1995, pp. 1 – 27.所写的序言。

于短路。宴会匆匆结束，客人们强作镇定，主人已经在报警。在这里我们看到了多元文化主义式尊敬的界限，这个边界对波拉特非常适合，考虑到他的异国背景，可尊敬的职业和接近白人的肤色，虽然他是"真实的他者"，但他具有被熔铸为举止合规的多元文化定义里的"他者"的潜质。[8] 相较而言，露奈尔，就缺少这种依附的可能：在主人看来，她只是一个黑人穷妓女，这种状况比塑料袋里的屎更让人难以接受。

---

8. 以此为视角，波拉特已经进步很多，因为之前的一个画面是他用黑人聚居区俚语和打扮惹恼一位上层酒店的雇员，到了要报警的程度。

所以，虽然经拜伦·科恩编排的发生在独立大道的这一幕像是明目张胆的陷害，但我们还是暂且相信如他所言，这是为了揭露一直存在着的歧视。[9] 要知道科恩在剑桥读研究生时的关注是美国民权运动：他1992年的历史论文主题是黑人—犹太人反抗南部种族隔离制度的斗争，这一联盟随后解散，变成了黑人反犹主义和犹太种族主义。[10] 他知道形式上平等了之后实质上的不平等还会持续很久；而容忍的粉饰掩盖着零容忍。所以，影片开场以最愤世嫉俗的眼光来刻画文化交流——波拉特解释他所担负的国家任务是"为了伟大的祖国哈萨克斯坦"。这是如同经过计算的交易一样的多元文化主义：哈萨克斯坦从"世界上最伟大的国家"学到策略性的"如何做"，而典型的美国人会——或者说是试图——从

---

9. Neil Strauss, "The Man behind the Mustache," *Rolling Stone*, 14 November 2006. 对拜伦·科恩的"解放计划"的肯定意见可参考Paul Gilroy, "Ali G and the Oscars" in OpenDemocracy.net, 4 April 2002, at http://www.opendemocracy.net/arts-Film/article_459.jsp（last consulted 27 November 2007）.

10. Brendan O'Neill, "Backstory: Borat Write Thesis. It niiiice. You Like Read? *Christian Science Monitor,* 21 November, 2006. 关于非洲裔美国人和犹太美国人的关系，参考Emily Miller Budick, *Blacks and Jews in Literary Conversation*, Cambridge University Press, 1998; Eric Sundquist, *Strangers in the Land: Blacks, Jews, Post-Holocaust America*, Harvard University Press, 2005; Cheryl Lynn Greenberg, *Troubling the Waters: Black-Jewish Relations in the American Century*, Princeton University Press, 2006.

"尊敬他者"得到自大的满足。在预告片里,波拉特告诉我们,如果这次探险之旅搞糟了,"我会被处死"——脸上带着勉强的微笑,嗓子哑了。

虽然,表面上看来《波拉特》揭露了多元文化主义不敢见光的秘密,但没有提出任何替代性方案,这会让它被看作是厌女症加反犹主义加上一场场宴会搞乱的大杂烩。[11] 但也许本该如此:毕竟它是一部电影,不是批评,是由默多克的新闻集团制作并在全球发行的喜剧片。事实上,《波拉特》颇为轰动的成功反映了一个正在日渐扩大,可以被描述为后认同幽默的市场——像拜伦·科恩、戴夫·查普尔(Dave Chapelle)和萨拉·希尔弗曼(Sarah Silverman)这样的喜剧演员都在大讲特讲性别和种族的笑话来讽刺性别主义和种族主义;这是在向信奉自由主义和多元文化的观众祝贺,因为推测他们早就超越了这些歧视。当然,这样做的问

---

11. 齐泽克同样丢给我们一个僵局,他批判全球资本主义,但号召一种翻新的列宁-斯大林主义,实话说,这很讨厌。可参考他在这本书的后记,
V. I. Lenin, *Revolution at the Gates: A Selection of Writings from February to October 1917*, ed. Slavoj Zizek, Verso, 2002. 对齐泽克的政治的批评,参见Ernesto Laclau, "Structure, History, and the Political," Judith Butler, Ernesto Laclau, and Slavoj Zizek, eds., *Contingency, Hegemony, Universality: Contemporary Dialogues on the Left*, Verso, 2000, pp. 195–206.

题是,这样祝贺还为时太早,也并不是每个人都能听懂这是在讽刺。从营收的角度看,《波拉特》了不起的地方在于它能将各类观众逗笑——既包括那些能够理解拜伦·科恩的反—反犹太主义的人,也包括那些(不管拜伦·科恩本来的好心)对波拉特的犹太人恐惧抱有同情的人。

同样,尽管影片的中心可能放在了美国,西方观众——也包括很多学院内的观众——都会不由自主地把好莱坞的哈萨克斯坦同哈萨克斯坦共和国联系在一起。结果,哈萨克斯坦总统努尔苏丹·纳扎尔巴耶夫访问白宫,因为是在《波拉特》的发行之前,几乎没什么封面报道谈到他的政府有所谓侵犯人权,也没有提起已经被搁置了很久的詹姆斯·格里芬(James Giffen)的纽约庭审。詹姆斯是一位商人,被控告将美国石油公司的几百万美元输送给了纳扎尔巴耶夫家族。[12] 相反,覆盖主流媒体的是哈萨克斯坦首都阿斯塔纳发生的抗

---

12. Joshua Kucera, "Bush: Kazakhstan Is a 'Free Nation' ", Eurasianet.org, 29 September 2006, at http://www.eurasianet.org/departments/insight/articles/eav092906.shtml (last consulted 27 November 2007). 2005年的电影《辛瑞那》(*Syriana*)就影射了这一丑闻,影片讲述了一家美国石油公司贿赂哈萨克斯坦官员然后被象征性逮捕。格里芬案还没有审结的局面暗示石油集团公司其实是美国政府的分支机构。Ron Stodghill, "Oil, Cash, Corruption," *New York Times*, 5 November 2006.

议拜伦·科恩和他的讽刺的游行，只在对字面做反应，这是一桩政治与虚构的很莫测的冲突，相比苏联官员渎职报道稍有改进。这些都在说明：不管在表面上看影片有多聪明，多世故，它难免还是会被不恰当地归类，这是公众关系的障眼法或者反犹太主义之类的老一套。幸运的是，为了反驳这些我们可以转向美哈关系，这也就会立刻把我们引向美苏关系。进入"多民族主义"这个话题。

"神奇的朝圣之旅"：《波拉特》和《马戏团》

《波拉特》并没有对政治正确和文化包容做出简单的反映，而是指出了多元文化主义的一条变通之路。在此处，关键细节是那位应波拉特之邀到独立大道赴宴的黑人妓女。宴会之后他们在一家骑牛俱乐部有了非常愉快的美国式约会，最后露奈尔让波拉特进屋，但他拒绝了。虽然明显波拉特对她很着迷——比如说，她能念对他的名字——当帕梅拉·安德森拒斥了他的提议后，他意识到自己一直爱着露奈尔。他们结婚了回到了哈萨克斯坦，村民们排成一队给新娘献上鲜花。这反转了影片的前提：开场时是哈萨克斯坦需要向美国学习，结束是一个美国人在哈萨克斯坦找到了幸福——逃离了歧视和卖淫，或者说至少是黑人女性卖淫的污名。波拉特和他的乡民们对露奈尔的接纳，正如颁发给哈萨克斯坦顶级妓女的奖杯（波拉特的妹妹是"全国第四名"）都在提示，在这片暧昧的应许之地是不存在污名。

这该是巧合吧，拜伦·科恩在这里提起了一段很悠久的传统，就是美国少数族裔在苏联找到了平等或者被引导向平等。也就是说，露奈尔的哈萨克斯坦之旅并不是没有先例的。犹太裔美国哲学家哈伦斯·凯伦（Horace Kallen）——1924年他呼吁"文化的复数化"，现在已被引证为多元文化主义的前奏——1927年的时候他到苏联访问，也这样赞扬了苏联。他称这些尚待建成的乡村是所有犹太人的"希望最前线"之一，另一处是巴勒斯坦。[13] 1932年诗人兰斯顿·休斯走遍了哈萨克斯坦和中亚地带，他将美国南部同苏联"东部"相比，出版了一本鲜为人知的书赞美莫斯科废除了沙皇

---

13. Horace Kallen, *Frontiers of Hope*, Liveright,1929. 关于他的"复数的文化"和多元文化主义的关系，参见David Hollinger, *Postethnic America: Beyond Multiculturalism*, Basic Books, 1995, pp. 11–12; Lawrence Levine, *The Opening of the American Mind*, Beacon Press, 1996, pp. 113–120.关于最近的犹太裔美国人同苏联的联系，参见：Yuri Slezkine, *The Jewish Century*, Princeton University Press, 2004, pp. 213–216, 259–267; Gennady Estraikh, *In Harness: Yiddish Writers' Romance with Communism*, Syracuse University Press, 2005, pp. 70–101; Dovid Katz, "Introduction." in Amelia Glaser and David Weintraub, eds., *Proletpen: Americas Rebel Yiddish Poets,* University of Wisconsin Press, 2005, p. 4–22; Tony Michels, *A Fire in Their Hearts: Yiddish Socialists in New York,* Harvard University Press, 2005, pp. 217–250, 256.

种族隔离制度。[14] 1932年他在乌兹别克斯坦过圣诞节,那个村子住的是帮助苏联种植棉花的非裔美国人。[15] 从1930年代到1980年代,非裔美国人活动家保罗·罗宾逊、威廉·爱德华·伯格哈特·杜波依斯、安吉拉·戴维斯和詹姆士·鲍德温也登上了作家克劳德·麦凯所说的"神奇的朝圣之旅"去往苏联,他们随即发现这里显然就是躲开美国种族主义的庇护所。特别是在20世纪30年代,很多非裔美国人将莫斯科看作是一股解放力量,就像是在美国内战和重建时期的北方:"俄国人就是'新北方佬',斯大林是'新林肯',而苏联就是一个'新的埃塞俄比亚'张开了她的双手保护着黑肤色

---

14. Langston Hughes, *An American Negro Looks at Soviet Central Asia*, Co-operative Publishing Society of Foreign Workers in the U.S.S.R, 1934.

15. Langston Hughes, *I Wonder as I Wander: An Autobiographical Journey Rinehart*, Rinehart & Company, 1956, pp. 174–180. 这些定居者的后代包括非洲裔俄国人莉莉·戈登(Lily Golden)和古尔德能的女儿,俄国电视明星叶丽娜·汉卡(Yelena Khanga),可参见她们的自传:Lily Golden, *My Long fourney Home*, Third World Press, 2002; Yelena Khanga, *Soul to Soul: A Black Russian American Family,* 1865–1992, W. W. Norton, Incorporated, 1992.

的老乡们。"[16]

对于这则承诺,再也没有比亚历山德罗夫颇受欢迎的音乐剧《马戏团》的阐述更生动了,它就是拜伦·科恩的《波拉特》照哈哈镜变形的样子,讲的是从美国出发抵达苏联的旅行而不是反过来。《马戏团》的第一个画面是一个美国小镇,一群疯狂的暴民正在驱赶一个白人妇女和她有一半黑人血统的孩子,汽车和威士忌广告都成为了讽刺性的种族主义者的粗略背景。这个女人,玛丽安·迪克森,跳上一辆开着的火车逃脱了,接着是一个欢快的剪切画面,一节火车车厢叠加在地球的照片上,地球旋转,美国变成了苏联。立刻,我们发现自己到了一家苏联马戏团,玛丽安是他们的头

---

16. Robin D. G. Kelley, *Hammer and Hoe: Alabama Communists during the Great Depression*, University of North Carolina Press, 1990, p. 100.
"神奇的朝圣之旅"这个词来自克劳德·麦凯1937年的旅行日志:A Long Way from Home; 并在威廉姆·麦克斯维尔的书里反复出现,特别是第63—93页,见*New Negro, Old Left: African-American Writing and Communism between the Wars*, Columbia University Press, 1999。在凯特·鲍德温的书里,见 Kate Baldwin, *Beyond the Color Line and the Iron Curtain: Reading Encounters between Black and Red, 1922–1963*, Duke University Press, 2002, pp. 14–24.同样可参考James Smethurst, *The New Red Negro: The Literary Left and African American Poetry, 1930–1946*, Oxford University Press, 1999; Dale Peterson, *Up From Bondage: The Literatures of Russian and African American Soul*, Duke University Press, 2000; Nikhil Pal Singh, "Retracing the Black-Red Thread," *American Literary History* 15, No. 4 (Winter 2003), pp. 830–840.

牌——她能跳舞，总是由一门大炮将她发射到空中，然后她在大顶棚之下表演杂技。好脾气而口齿不清的团长在抱怨引入这个美国人花了一大笔钱，还在设想最好的办法是，苏联能够引渡玛丽安。[17]

最终他成功了，因此苏联不仅马戏高超，对平等的承诺同样优于美国。在整部影片中，玛丽安阴险的德国经纪人一直利用她在性关系上"为文明社会所不容的罪过"操控她，威胁会向她的苏联雇主揭发这个混有黑人血统的孩子。看到玛丽安同马戏团团长合作，并且与一位俄裔杂技演员产生了爱情，经纪人被激怒了，在影片接近结束时，他将一直以来的威胁付诸行动，就在玛丽安新编排的节目在苏联巡演中间，他把她哭闹着的儿子抱了出来。但使这个法西斯经纪人吃惊的是，竟然，那些马戏团的老观众的回应是将这个孩子

17.《马戏团》本身使用了好莱坞式的大型室内造景，正如苏珊·巴克-莫斯所写的"很显然，亚历山德罗夫跟其他很多苏联导演一样，拍片的时候，脑子里都预先有一个巴斯比·伯克利（Busby Berkeley）"，还有用群众作为装饰的生动舞台场面也很明显有一个布尔什维克的先驱。它早就已经脚本化是更早的十月革命的庆典画面。"参见Susan Buck-Morss, *Dreamworld and Catastrophe: The Passing of Mass Utopia in East and West*, MIT press, 2000, p. 154. 如要进一步了解《马戏团》同西方娱乐业的关系，参见Beth Holmgren, "The Blue Angel and Blackface: Redeeming Entertainment in Aleksandrov's Circus," *Russian Review* 66, No. 1（January 2007）, pp. 5–22.

偷抱到了安全的地方。同时,心想着自己会再次被驱逐的玛丽安非常震惊地看到婴儿在观众们的怀抱中传递。先是一个俄国妇女抱着婴儿,给他唱起了摇篮曲,然后她把他递给了一位乌克兰男人,他用乌克兰语唱了同一首歌,然后是一个鞑靼人(坐在微笑的哈萨克和乌兹别克人中间),然后是格鲁吉亚人,一个犹太人,最后是一位黑人——"这会是又一个美国种族主义的避难所"——他用俄语唱道。[18] "这是怎么回事?"玛丽安问团长,团长微笑着回答说苏联欢迎每一个人,不管她是黑皮肤、白皮肤、红皮肤还是蓝皮肤。

由此《马戏团》也为《波拉特》的解决方案提供了一个先例——庇护所在苏联,在这里能够避开世界上最大、最先进的资本主义社会的不平等瘟疫。《马戏团》的结尾同《波拉特》产生了分歧,虽然,在此它指出了一个同不平等做斗争的专门计划——莫斯科为平衡以阶级为基础的联盟和民族差异所做的努力。[19] 曾经苏联用了极大的投入来推行特

---

18. Robert Taylor, "The Illusion of Happiness and the Happiness of Illusion," *Slavonic and East European Review*, vol. 74, No. 4 (October 1996), p. 617.

19. 不能将苏联对"民族(nation)"和"民族的(national)"的使用简单等同于美国的"种族(race)"和"种族的(ethnicity)"。1913年,约瑟夫·斯大林由四个方面与"宗族(tribe)"和"人种(race)"进行区分定义出来的"民族"这个概念有着深远的影响,他定义一个发展完备的"民族"

殊主义（particularism），弗拉基米尔·列宁和约瑟夫·斯大林都一再地鼓动民族自决和反帝国主义。在20世纪20到30年代期间，莫斯科在"多民族主义"和"民族的形式，社会主义内容"的旗帜下建立多个共和国，布置了口述语言的抄录转写，将少数民族作家经典化，并在地方培育文化和政治精英。[20] 目的是在苏维埃联盟缺少工业劳作大众的地区，尤其是边缘地带创造出"无产阶级的代理人"，而《马戏团》

需要有一共同的语言、地域、经济生活和"由社群文化表现出的心理性格"。根据斯大林的说法，"宗族"和"人种"都不能完全具备这四项条件，尤其是最重要的作为布尔什维克要保证其"民族自决权"基础的地域。对地域的强调有一个非常明确的目标就是要破坏仅以文化和民族性为基础的族群概念，也就是美国的"种族（ethnicity）"概念，虽然斯大林也没有完全抹除"心理性格"。在斯大林说明他的定义这一部分时，他注意到，尽管"民族性"会随着"生活条件"而变化，但会一直在民族的面貌上留有印记。Joseph Stalin, "Marxism and the National Question," *Marxism and the National and Colonial Question,* ed. A. Fineburg, International Publishers, 1934, pp. 5–13.

20. 要了解苏联的民族政策，参见Ronald Grigor Suny, *The Revenge of the Past: Nationalism, Revolution, and the Collapse of the Soviet Union*, Stanford University Press, 1993. Yuri Slezkine, "The USSR as Communal Apartment, or How a Socialist State Promoted Ethnic Particularism," *Slavic Review* Vol.53, no. 2 (Summer 1994): 414–452. Terry Martin, *The Affirmative Action Empire: Nations and Nationalism in the Soviet Union, 1923–1939*, Cornell University Press, 2001. Francine Hirsch, *Empire of Nations: Ethnographic Knowledge and the Making of the Soviet Union*, Cornell University Press, 2005.

的片尾场景表现出的就是成果。各界少数民族被邀请来到莫斯科的市中心，摆脱了殖民主义压迫，也摘掉了随着被殖民而来的"落后"的帽子。当每一位身穿现代化服装的代表用她或他的母语向婴儿歌唱时，音调也随之以民族风格进行装饰，比如说，为犹太男人伴唱的是东欧犹太民间音乐，当黑人演唱时，使用了圆号演奏的蓝调。简短说，每一位代表都保留了一点差异，如果把这些看成空洞的"民族的表现形式"，那么，它们可是要比"社会主义内容"长寿得多。[21]

由此我们可以看到"民族自决"的凶险之处，并不无神秘地与多元文化主义相同。只有极为有限而且虚假的差异——都是"剥夺了实质"，齐泽克肯定会如此评说。民族形式不过是在为俄国增添一些色彩，而不是必要的社会主义内容（像是那首摇篮曲的歌词），除了那个有一半黑人血统

---

21. 就像尤里·斯莱兹肯所述，1930年7月斯大林讲"民族之间的差异在近期都不会消失，而是会在相当长的时间内继续存在，甚至在无产阶级革命在世界范围内取得胜利之后也将继续存在"，相应的，斯莱兹肯写道，在1934年斯大林高兴地宣布苏联已经是工业化的社会主义社会之后，"社会主义内容"不再被反复提到，并且以"阶级为基础的配额、选票和身份证"也消失了，"作为形式"的差异仍然是可接受的，虽然民族（"形式"中最显要也是最空洞的形式）还是可以发展，重新组群以及或者得到一点点内容"参看Yuri Slezkine, "The USSR as Communal Apartment, or How a Socialist State Promoted Ethnic Particularism," pp. 437–438, 442.

的婴儿,少数民族都远离舞台的中央,即便不能说是隔离,也是被非常整齐地安排好的观众。[22] 相应的,在最后一幕,玛丽安甩开她的黑色披肩露出白色制服,场景转换,她发现自己走在红场游行的队伍之中,一样的制服——以及非常雅利安人的外貌——合演中的一分子。少数民族也都出现了,但他们都在他们自己同质的小方块中前进,影片的主题音乐再次奏响,"祖国之歌"恢宏嘹亮:

> 我的祖国多么宽广
> 无数的森林、河流,无边的田野
> 我知道再没有这样的地方
> 在这里人们的呼吸如此自由
> 从莫斯科到最远的哨所
> 从南方的山地到北方的海洋
> 人们迈步前行,是主人
> 走在自己的祖国的广袤大地上

---

22. 同一年也就是1936年的2月,《真理报》指明俄罗斯民族"平等但居于第一位"。这标志着苏联作为国家由对俄罗斯民族主义的压制转为推广。参见David Brandenberger, *National Bolshevism: Stalinist Mass Culture and the Formation of Modern Russian National Identity, 1931–1956*, Harvard University Press, 2002, p. 43; Yuri Slezkine, *The Jewish Century*, p. 278.

这些词句在独联体国家都仍然为人熟知,同样熟悉的是最终取消不平等的承诺;《马戏团》上映,它携带了如此多种多样的自由,却与1936年斯大林宪法的颁布相巧合。上面这首颂歌对空间的强调同样也可被看作是一则"帝国力量的隐喻",正由莫斯科辐射出来——凯特瑞纳·克拉克(Katerina Clark)察觉到了帝国的呼唤。[23] 尽管这个帝国是特别的,它宣称要平等,据苏联的民族问题专家弗朗辛·赫希所说,"党国既心存高尚又立意邪恶——将它的'更有利于'政策同暴力和恐怖相结合。"[24]

《波拉特》追随这一结尾,幡然醒悟。露奈尔在哈萨克斯坦找到了更好的生活之后,片尾曲的伴奏下响起一首虚构的赞歌——是对《祖国之歌》的歪曲的回应。

哈萨克斯坦,哈萨克斯坦,你是一个多么美好的地方,
从塔拉史克平原到北边的犹太城边防

---

23. Katerina Clark, "Socialism Realism and the Sacralizing of Space," in Evgeny Do brenko and Eric Naiman, eds., *The Landscape of Stalinism,* University of Washington Press, 2003.

24. Francine Hirsch, *Empire of Nations: Ethnographic Knowledge and the Making of the Soviet Union,* p. 9.

除了乌兹别克斯坦,全世界都是哈萨克斯坦人的好朋友

他们吵吵闹闹,脑袋里长骨头

不管是否有意为之,这是揭去了面具的"祖国":同样宽广、雄壮,但撕去了它的和谐的粉饰。在这里没有试图去掩饰对犹太人的隔离——"犹太城"是一个虚构出来的犹太自治州——而且对邻居的恶意非常明显而不加隐藏——乌兹别克斯坦所承担的角色相当于法西斯德国。简单说,如果《波拉特》是在讲一个多元文化主义的苏联版本,那么它也讲出了这一个变通的致命缺陷。提到有边防的"犹太城"令人想起哈萨克斯坦历史上的限定居住和强制移民运动,而片中波拉特带有妄想狂性质的反犹主义也同苏联的"反世界主义"一样有着令人不安的一致。[25]

那么,很清楚,这部影片没有任何对"多民族主义"和"民族情谊"的"过去的好日子"的天真怀念。这些口号已经在1991年同苏联一起坍塌了,使得像瓦列里·季什科夫(Valerii Tishkov)这样的俄国科学院学者手忙脚乱地

---

25. 要了解苏联反犹主义最新近的研究,参见Yuri Slezkine, *The Jewish Century*, 2004, pp. 297–314.

建议在独联体内实施多元文化主义。[26] 然而,正如我们所看到的,《波拉特》提出的问题是有没有进行这种转变的需要,要考虑到这个词语并不是真的与不平等做斗争而是暗含推广。后来,皮埃尔·布迪厄(Pierre Bourdieu)和罗克·华康德(Loic Wacquant)延伸了这一批评将多元文化主义归入为美国领导的全球化服务的"伟大的全球新价值",也就是美帝国主义的多元文化主义。[27] 维尔·科姆李柯(Will Kymlicka)写道,美式多元文化主义对国籍的强调使很多东欧国家有了"剥夺少数民族建立独立的公共机构和实行自治权利"的借口——它也就变成了独裁政府的多元文化

---

26. 需要知道的是季什科夫对多元文化主义的理解来自加拿大,而不是美国,在美国语境中这个词汇的含义和适用范围有更多变动。聚焦于魁北克地区来说,他的研究集中在他称之为(借用自米歇尔·维沃尔卡 [Michel Wieviorka])"整合的多元文化主义"——国家通过它来提出既在社会范围又属于文化的要求,而不只是文化上的认同,也有助于提高经济上的竞争力。继而,他又将之与苏联的"多—民族性"本质主义的狭隘相对比。最终,他的目标是将多元文化主义整合入俄罗斯联邦,但他在书里更多的关注放在了苏联面对这些概念的壁垒,比如僵化的政治体系,这是他一再批评的。Valerii Tishkov, *Rekviem po etnosu*, Moscow, pp. 245–246.

27. Pierre Bourdieu and Loic Wacquant, "On the Cunning of Imperialist Reason," *Theory, Culture and Society*, Vol. 16, No. 1 (1999), pp. 41–58. 有趣的是,这两位作者所讲的对多元文化主义的理解来自查尔斯·泰勒,而没有认识到后者并非来自美国,而是加拿大。

主义。[28] 这也是一个僵局：如果既不能选择"多民族主义"也不能选择多元文化主义，那么怎么办？

---

28. Will Kymlicka, "American Multiculturalism in the International Arena," *Dissent*, Vol. 45, No.4 (Fall 1998), p. 79. David A. Hollinger, "Not Universalists, Not Pluralists: The New Cosmopolitans Find Their Own Way," *Constellations*, Vol. 8, No. 2 (June 2001), pp. 236–248.

回家：《波拉特》和《荒谬斯坦》

迄今为止，《波拉特》提供了一种使这两个词汇（多元文化主义和"多民族主义"）变得界限模糊的方法，它们都许诺了平等但没多久就失败了。这种含混带有很大的风险，而其中最迫切的就是经常被苏联的外来访问者忽略但却无法逾越的一个事实——莫斯科使用了国家暴力。[29] 在他关于苏联的写作中，休斯赞美乌兹别克妇女摘下了头巾，却几乎没有提到被这一现代化拉动而释放出来的暴力和抗争。[30] 更

---

29. 这一事实使得弗朗辛·赫希反对将苏联的民族政策同美国的积极行动相提并论，例如特里·马丁（Terry Martin）将苏联论述为"一个有积极行动的帝国"。赫希提道，"尽管'积极行动'这个词具有一定的描述能力，但它也非常误导性地将苏联的政策同它们在真实历史情境中的实践剥离开来。苏联的民族政策不是美国在20世纪执行的种族政策的前身，而是一次改进19世纪后期的进化论范式并将之放入苏联情境的尝试。它的基础是一种在欧洲有着悠久历史的思想，就是把民族主义看作是发展到一个更普世主义认同之前的暂时的阶段，但又是必不可缺的。"参见Francine Hirsch, *Empire of Nations: Ethnographic Knowledge and the Making of the Soviet Union*, p. 103. 赫希对历史情境的强调是正确的，但他太急于将美国的改革与来自欧洲的思想剥离，并且过于倾向于设想这不是在寻求"一个更普世主义的认同"。参考书目同上。辛尼帕尔认同瑞典经济学家、战后重要人权思想家贡纳尔·莫达尔（Gunnar Myrdal）的观点，这一结果的根源是（用辛尼的原话来说）"设法达成的共识（managed consensus）"？是将种族从阶级中分离出来打了折扣的平等。参见 Nikhil Pal Singh, "Culture / War: Recoding Empire in an Age of Democracy," *American Quarterly 50*, no. 3 （September 1998）, pp. 471–522.

30. Langston Hughes, *An American Negro Looks at Soviet Central Asia*, p. 46.

不用说因为强制的集体化而造成的饥馑,虽然,他肯定也不会被带去看这些。更让人不安的是罗维特·福特-惠特曼(Lovett Fort-Whiteman)的缺席,他是最早加入美国共产党的非洲裔美国人之一,他也是最早到莫斯科接受共产国际培训的。1932年,是他到列宁格勒的"芬兰车站"迎接来苏联的休斯。5年后,福特·惠特曼因为"煽动反苏维埃"而被判处流放到哈萨克斯坦的塞米巴拉金斯克,1939年死于西伯利亚的劳改营。[31]

Douglas Northrop, *Veiled Empire: Gender and Power in Stalinist Central Asia*, Cornell University Press, 2004, pp. 85–101, 164–208, 330.

Kate Baldwin, *Beyond the Color Line and the Iron Curtain: Reading Encounters between Black and Red, 1922–1963*, p. 120.

31. Harvey Klehr, John Earl Haynes, and Kyrill M. Anderson, *The Soviet World of American Communism*, University Press, 1998, pp. 218–227. 对以上发现的回应,请参见Maxwell, *New Negro, Old Left: African-American Writing and Communism between the Wars*, p. 70; Kate Baldwin, *Beyond the Color Line and the Iron Curtain: Reading Encounters between Black and Red, 1922–1963*, p. 273w44. 关于福特·惠特曼作为早期非裔美国人共产主义者的带领者可参考Harry Haywood, *Black Bolshevik: Autobiography of an Afro-American Communist*, Temple University Press, 1978, p. 139, pp. 143–147.当时他去迎接休斯及其他21名非裔美国人,他们是为了帮助拍摄一部运途多舛的关于美国南部黑人劳工的电影而来的的资料,可以参考Emory University Manuscripts, Archives, and Rare Book Library, Louise Thompson Patterson Papers, Box 1, Folder 24, Item 4, Louise Thompson to Mother Thompson, 4 July 1932.

但这样的悲剧只会凸显出一个（虽然也是主要的）语境，而使人们不再注意这样的事实：词语总是会不胫而走，衍生出多种歧义和用法。因此，虽然"多民族主义"会携手苏联的国家暴力，却仍然能在美国境内成为无望者的希望。作家理查德·赖特（Richard Wright）研究过苏联的民族政策，当时他由实行种族隔离制度的南方搬到芝加哥还没多久，1932年他在芝加哥加入了美国共产党：

共产党将音韵学家派遣到宽广的俄罗斯各地，去听，去采录那些忍受了沙皇们几个世纪压迫的人们讲出的磕磕绊绊的方言，读到这些我的心里充满了敬畏。这是第一次我被完全感动了，当我读到那些音韵学家是怎么给这些哑了多年的人民带去了语言、报纸和组织。我读到那些被漠视遗忘的乡亲们被鼓励要保护他们自己的古老的文化，要看到他们悠久的习俗的意义，并且要发自内心地为自己的风俗习惯感到满足，因为它们并不比那些看上去优越的生活方式低等。我对自己说，多么不一样啊，在美国，黑鬼们到处被歧视。[32]

---

32. Richard Wright, "I Tried to Be a Communist," *Atlantic Monthly* 174, No. 2（August 1944）, p. 67.

这篇1944年完成的文章的题目是"我努力成为一名共产主义者",作者用大量的细节讲述了他对党的逐步幻灭。但即便是在这篇悔悟年少天真而写的翻案文字里,怀特也还保留着一线纵然机会已失,却受苏联启发的乐观主义。

有趣的是,怀特在此赞美的对"古老的文化"和"悠久的习俗"所做的优化,正是齐泽克所说的"民俗学家的他者"。虽然在今天或许早已过时,但在20世纪30年代显然还是相当激进,这也增加对"多民族主义"这个概念的信任,不能简单地就把它看作是完全负面的。变换一下语境,我们就也能对多元文化主义做出同样的评价。事实上,即使像科姆李柯一再谈到这个词如何被独断地使用,同时他也说明他指的是多元文化主义中特定的"大都会多元文化主义(以个人权利为基础)",与之相反的是"复数的多元的文化主义(以长期存在的族群为基础)"。[33] 同样,就像美国历史学家辛尼帕尔(Nikhil Pal Singh)指出的,布尔迪厄和华康德对多元文化主义的视角非常有限——这一批评对齐泽克也适用。这些作者们强调了这个词语暗藏着肮脏的资本和帝国的一面,却忽视了它也是"不同的美国种族表现和种族想象借

---

33. Will Kymlicka, "American Multiculturalism in the International Arena," p. 74.

此与不同的观众进行互动的途径"。[34] 也就是说,在一些语境中,多元文化主义确实是在为全球精英服务,但另一方面它也能提供一种与不平等做斗争的语言。

虽然,单独看来《波拉特》并没能给我们提供这样的安慰,这要求我们将之与它在文学上的同行,施特恩加特的《荒谬斯坦》相比较。我们会在这里发现一种朴拙的多元文化主义,作为征服性的意识形态进入苏联最后却只能转化,谦卑地退出了。小说随着米沙·温伯格的不幸遭遇展开——他的父亲是俄国被暗杀的犹太裔大垄断资本家,他有美国文理学院颁发的"多元文化研究"学位。自从他回到了这座先后被称为列宁格勒、圣彼得堡和圣列宁斯堡的城市,多元文化主义使他在贫困的同乡当中卓然不群,同他的品牌服装设计师和曼哈顿心理医生一样,成了一个身份和地位的标签。就是说,米沙是齐泽克所定义的自由浮动全球精英阶层的样板,通过对说唱音乐和棕肤色女性的拜物式欣赏确立了自己进一步的高人一等。他在与一位名叫罗艾娜的脱衣舞女郎约会,后者的多元文化谱系包括波多黎各、德国、墨西哥和爱尔兰;她是在多米尼加长大,但却是循道宗信仰——当他们

---

34. Nikhil Pal Singh, "Cold War Redux: On the 'New Totalitarianism'," *Radical History Review* 85 (Winter 2003), p. 177.

在纽约初次相遇,这份家谱让他的眼里噙满泪水。当他孤身一人在彼得堡时,为了寻找她的替代品,他找来自北部边远地区的"亚细亚大学女生"睡在一起,"但她们闻起来,是完美的俄国风味,莳萝和汗味。一点多元文化主义!"[35]

由此《荒谬斯坦》和《波拉特》同样地将文化包容表现为一个面具,其实是在支持歧视和不平等。另外,影片和小说都是在少数民族的从事性工作的女主人公的帮助下揭露了这种欺骗性——虽然罗艾娜的行为比露奈尔更加有意为之。在一次彼得堡之旅中,罗艾娜挑衅地将非洲裔美国人同俄国人联系在一起,或者更确切些,是美国人同苏联的被驱逐者:

"……在我看来,你们俄国人就是一帮黑鬼。"

"你说什么?"斯维特拉娜问。

"别多想了,"罗艾娜说,"我可是在说奉承话。"

"这可不是什么奉承!"斯维特拉娜叫了起来,"你要作出解释。"

"镇定点,亲爱的,"罗艾娜说,"我只是在说,你知道……你们的男人也是离不开工作,人人都是只要能挣到钱开

---

35. Gary Shteyngart, *Absurdistan: A Novel*, Random House, 2007, p. 56.

车绕多远都行,孩子们都有哮喘,你们也都住在公租房里。"[36]

我们在这里可以发现,一个新的在美国和苏联之间的建起联系的尝试,不是由空洞的宣称包容而是通过一个共有的贫困的经验。罗艾娜发现身边围绕着都是有钱的闲人,就要求米沙带她去贫困的彼得堡郊区去看那些"真正的黑鬼",她将那里同她纽约州的南布朗克斯的出生地联系在一起。[37]

施特恩加特自己在列宁格勒出生长大,他有着拜伦·科恩所没有的对苏联的认知,所以他能发现这样的联系。但小说也不可能完全放弃犬儒的讽刺,这是施特恩加特作为作家的强项。米沙回美国的签证被拒签了,他需要绕道经过一个虚构出来曾是苏维埃联盟成员的共和国,但那里正爆发了一场民族战争。加上美国石油公司和迪克·切尼,这位荒谬斯坦的政治精英,前克格勃成员(他们这些政治精英都是前克格勃成员),作者希望借此描绘出一个失败了的民族国家,它既迫切地需要金钱资助也需要民族包容措施。而它的计划是通过美国维和部队和人道援助组织的工作者的涌入来保持住这一资源掠夺式的国家——让它不会彻底沦陷。与此同

---

36. 同注35, p. 12.
37. 同注35, p. 50.

时，米沙被指派为"多元文化事务部部长"并被分派任务，要去争取以色列和美籍犹太人基金。这位齐泽克的多元文化主义精英这么快就自食其果了。他让我们看到了在尊敬的修辞背后真实的政治是怎么运作的——当然在这片到处都是"民族情谊"的土地上是不会有什么新鲜事的。

在小说的结尾，米沙只剩下了两个得到救赎的可能，第一个来自在荒谬斯坦山地居住的犹太人群，是他们在一次目标明确的暗杀中拯救了他，并把他带进了他们超级现代的村庄。"我们很清楚自己在做什么。一个犹太人身陷困境，那么我们就去救他出来。"其中一位说。[38] 但，这不是简单地向原生主义求助。在村庄复制建造的哭墙上，米沙看到了一块他父亲的荣誉匾额，像是在向整个社区复述他的最后一句话："必要时使用任何手段。"

我爸爸知道他的这句话剽窃马尔克姆·X（Malcolm X）吗？爸爸的种族主义是壮观、坚不可摧、归类和包容一切的，是一首史诗。他能就这样全靠自己就得出了同一位伊斯兰国黑人领导者同样的结论？我想起了我回到圣列宁斯堡时

---

38. 同注35, p. 324.

我父亲告诉我爱的话。"米沙，要在这个世界上做到这些你就不得不去撒谎，欺骗，偷窃。"他说，"在你能发现这是现实，能忘掉你的那所随机学院教给你的所有的东西之前，我还要继续工作，继续卖命工作。"[39]

有了这一马基雅维利式的城府，米沙在搜集非洲裔美国人的斗争和苏联的解体的信息之后，决定鼓起勇气要抵达纽约，到罗艾娜身边，现在这不再只是拜物式的狂热，而是他的另一个救赎。要最后一次穿过已经坍塌的铁幕，他想象着同罗艾娜在南布朗克斯建立家庭，荒谬斯坦的废墟让位于不可知的未来："我们的地下室里，洗衣机和烘干机在运转。你递给我一双已经卷成球的婴儿袜子，摸上去暖暖的。我们的街区很大。有很多环形线。哦，我永无止境的甜蜜的罗艾娜。相信我。就在这些残忍并且散发着香味的街道上，我们会一起完成这被动接受下来的艰难的一生。"[40] 实际上，米沙现身在犹太山村的日子是2001年9月10日，一个预示着秘密的恐怖的日期，与回家旅程同时开启的是美国的又一场冷战。

仍然，即使这样的犀利描写让人触动，以欢乐幸福的家

---

39. 同注35, p. 329.
40. 同注35, p. 333.

庭场景来结束这个故事还是行不通的。为米沙带来力量的那些词句是他与自己的父亲（犹太裔俄国人）和马尔科姆·X（这也暗示了罗艾娜所说的俄国人与黑鬼的联系）——但也不过就是同志情谊。他表达得很清楚，他的计划是要继续留在纽约，并冷酷地打发掉了荒谬斯坦——"那地方已经不可救药了"。[41] 似乎米沙的个人救赎要求他放弃自己之前的俄国同胞，抛下这些在世界上受苦受难的人们。幸运的是，不管怎么说，对这个问题，要从愤世嫉俗中跳脱出来也并不是非常困难。只要想象一下，米沙认定了他的道路是向西，而波拉特和露奈尔抵达了哈萨克斯坦——这不过是长久以来在幻想与幻灭、恐怖与希望之间往复的最新例证。[42]

要重拾这一交锋的遗产，就需要在检讨多元文化主义和多民族主义的过错的同时，正视它们的承诺。跟随罗艾娜的引领，我们的注意力不能只停留在人种、种族和民族，也要

---

41. 同注35，p.333.

42. 有趣的是《荒谬斯坦》和《波拉特》的主人公都是通过异性恋家庭的界限内的愉悦超越了对棕肤色女人和"塑胶胸部"的恋物式崇拜。这样的解决方式明显与这两部作品的同性恋暗示相悖，比如米沙对他最好的朋友阿廖沙-鲍勃的吸引力，还有波拉特醉酒后与同性恋游行者的亲密。相对于穿越"肤色界线和铁幕"而言，对性别和性的解构需要更加激进。参见Kate Baldwin, *Beyond the Color Line and the Iron Curtain: Reading Encounters between Black and Red, 1922–1963*, pp. 86-148, 253–262.

关注阶级的不平等——这是"民族形式，社会主义内容"的理论内涵（虽然实践上可能没有做到）。在重温多元文化主义与多民族主义的角逐时——包括互相揭丑的历史——两种模式来之不易的收获都须保留，并伴以理解差异和助力少数群体的新探索。

一起[1]

[美] 理查德·桑内特

宫林林 张炜 译

---

[1] 本文为理查德·桑内特（Richard Sennett）所著《一起》（*Together*）一书的导言部分。Richard Sennett, *Together*, Yale University Press, 2012.

理查德·桑内特，纽约大学社会学教授，伦敦经济学院社会学教授。Richard Sennett: Professor of Sociology, New York University, and Professor of Sociology, London School of Economics.

思想合作框架

在伦敦某个学校的操场上，我孙子的一个好朋友在学校的公共广播中播放了一首莉莉·艾伦（Lily Allen）的流行歌曲："Fuck you, fuck you, very much, Cause we hate what you do and we hate your whole crew."而一个六岁的小姑娘随音乐扭着屁股。校方对这种欢乐场面感到震惊，这可是"未经许可的行为"。我承认我心底里的叛逆小孩羡慕这些孩子能够占领公共广播，但是，我也震惊了。年轻人并不知道那个歌手是在嘲弄她自己；"fuck you, fuck you"在他们眼里就是直截了当地宣布"我们反对你"。[2] 这在该学校所处的伦敦市内是一种很危险的情绪：在城市的该区域各种宗教、种族与阶级混杂，这让"我们反对他们"成为一剂冲突的配方，而伦敦的这个区域确实定期爆发暴力事件。

在美国，每当我处在受虐的情绪时，我就听右翼电台的广播，他们对纳粹—女权主义者、自由主义者、世俗人文主义者与已婚同性恋者唱"fuck you, fuck you"——当然也冲着社会主义者。今天的美国已经变成了一个紧张的部落社

---

[2]. 莉莉·艾伦的 *Fuck You* 第一次出现在2008年，这首歌将矛头直指右派；当她在2009年的格拉斯顿堡音乐节表演时，她说这首歌是针对英国国家党而写作的。这首歌的MV可以通过以下网址访问到http://www.lilyallenmusic.com/lily/video。

会，人们与异己者为敌相处，欧洲却无法为此沾沾自喜：以民族主义形式出现的部落主义，在20世纪上半叶里摧毁了欧洲；半个世纪后，曾一度如此包容的荷兰，现在出现了和美国电台相同的言论，单是提起"穆斯林"这个词就会掀起瓦格纳歌剧般的投诉攻击。

部落主义团结与己相似的人来侵犯异己。这是一种自然冲动，因为大多数社会化动物都是部落化的；它们成群结队地狩猎，划定要守卫的领土；部落维系着他们的生存。可是在人类社会中，部落主义可以是反生产性的（counter-productive）。像我们这般复杂的社会依赖着跨国界流动的工人；包含着不同的伦理、种族与宗教；发散出性与家庭生活的各种方式。要将这种复杂性强加到单一的文化模型就是政治镇压，也是说一个关于我们自己的谎言。"自我"是由情感、关系（affiliations）与行为构成的，三个元素却很少能够完全匹配，任何对"部落团结"的提倡都会缩减个人复杂性。

亚里士多德或许是第一个担心镇压式团结的西方哲学家。他认为城市是一种聚居（synoikismos）[3]，从不同家庭部

---

[3]. 聚居（synoikismos），有时候英语翻译为synoecism，其词根是oikos，意思是家或者居住的地方。同一词根在经济学（economics，开始意思为家务管理或者家庭经济学）、生态学（ecology）、有人居住区（ecumene）、社区和区域规划学（ekistics）中出现。词后缀-mos在聚居一词中指的是所形成的情

落来的人们相聚于此——每一个家（oikos）都有着自己的历史、联盟、财产与家神。为了在贸易与战争中的相互扶持，"一个城市才由不同类型的人组成，相似的人无法使城市存在"；[4] 因此城市迫使人们去思考并处理与他人的关系，尽管彼此所效忠的完全不同。显然，相互攻击不能汇聚起一座城市，而亚里士多德让这种认识更加精妙了。部落主义，他写道，涉及了思考在你不认识其他人的时候，你对于他们知道些什么；由于缺乏直接对他人的经验，你会坠入恐惧的幻想中。放在今天来看，这就是所谓的成见。

一手经验能够削弱成见吗？这是社会学家塞缪尔·斯托福（Samuel Stouffer）的信条。他观察到在第二次世界大战期间，那些与黑人并肩作战过的白人士兵的种族偏见少于没有此经验的白人士兵。[5] 政治科学家罗伯特·帕特南（Robert Putnam）的研究踩到了斯托福和亚里士多德的头上。帕特南发现，面对多样性的丰富的第一手事实经验让人们对自己的邻居退避三舍。相反，那些在均质化本地社区生

况，而前缀syn-指的是在一起。以此聚居就成为对一种条件的描述，这种条件是由一起居住在特定的家的场所或者空间而形成的。——译者注

4. Aristotle, *Politics,* ed. Richard McKeon, trans. Benjamin Jowett, Random House, 1968, p. 310.

5. Samuel Stouffer et al., *The American Soldier*, Princeton University Press, 1949.

活的人会对外面世界里的他人更加亲切与好奇。[6] 这些议题基于一项庞大研究，研究侧重态度多于侧重实际行为。在日常生活中，人们或许需要将那些态度放置一边；我们不得不经常面对我们害怕、不喜欢或者仅仅是不理解的那些人的关系。面对这些挑战时，帕特南认为人们最初倾向于后退，或者用他的话来说，趋向于"退避"（hibernate）。

我安全地窝在学院办公室中担忧着世界的状态，应该说我也担忧着"fuck you, fuck you"对我孙子的影响，我想知道对于部落主义可以做些什么。与差异共同生活的问题变得如此巨大，没有单一或者总体的解决方案。然而，人老了就会产生一些特殊的情绪，我们对所观察到的事开始觉得不满，发出"真遗憾……"这样的感叹。而"退出"并不是一种可以继承的传统。

合作可以被冷冰冰地定义为一种交换，参与者通过遭遇而获益。无论对于互相梳毛的黑猩猩，堆沙城堡的小朋友，堆沙袋抵御洪水的男男女女，这种行为都一眼就能辨认。一眼就能辨认，是因为互助已经被写进了社会性动物的基因；它们需要合作来完成那些无法独自完成的任务。

---

6. Robert Putnam, "E Pluribus Unum: Diversity and Community in the Twenty-First Century," *Scandinavian Political Studies*, Vol.30, Issue.2 (2007), pp.137–174.

合作交换有很多种形式。合作可以伴随着竞争,就如同孩子们合力制订一套基本游戏规则,以便之后他们可以在游戏中相互竞争;成人生活中,同样的合作与竞争结合出现在经济市场、选举政治以及外交协商中。在神圣与世俗的礼仪中,合作都成为一个独立价值:对基督教圣餐与犹太教的逾越节家宴的观察将神学带入生活中;文明的礼仪,小到一句"请""谢谢",都将互相尊重的抽象概念付诸实践。合作可以正式也可以非正式。在街角闲逛或在酒吧畅饮的人们交流八卦,他们畅谈但不会自觉地想到"我正在合作"。这个行为都被包裹在彼此愉悦的体验中。

正如人类部落主义明确表示的,合作可以产生对他人的破坏性结果。银行家通过内幕交易与友情买卖的形式来实践这种合作。他们的合作是合法的掠夺,而犯罪团伙也按照同样的社会原则运作。银行家与银行劫匪都参与了勾结,黑天使版本的合作。18世纪伯纳德·曼德维尔(Bernard Mandeville)的《蜜蜂的寓言》一书提到的勾结概念广为人知。风趣的曼德维尔医生相信,共同的善可以来自共同的恶,唯一条件是人们不受宗教、政治与任何罪恶的"迫害"。[7]

---

7. Bernard Mandeville, "The Grumbling Hive." in Phillip Harth, ed., *The Fable of the Bees*, Penguin, 1989, p. 68.

我在此书中并不打算援用这样的嘲讽,我试图聚焦于一个小角落,在那里可能产生"我们反对你们"之类的破坏性合作,或是退化为勾结的合作行为。另一种好的做法是基于需求且更困难的合作,它试图让那些兴趣不同甚至抵触的人们,那些互不喜欢的人们,那些不平等或仅仅是无法理解彼此的人们联合起来。这种挑战是用他们自己的方式来回应他们自身。这也是对所有冲突管理的挑战。

哲学家兼政治家伊格纳季耶夫(Michael Ignatieff)相信,这种回应(responsiveness)是处在伦理层面,是一种我们作为个体的内在意识状况;而我的观点是它来自实践活动。[8] 妥善处理冲突的结果之一,比如在战争或者政治斗争中,就是这种合作能维系社会群体度过时代的不幸与动荡。进一步的,实践这类合作,能够帮助个体与团体把握他们自己行为的后果。让我们具有一种慷慨的精神,不要磨灭银行家的人性:让他为自己的行为找到一个伦理尺度,他就需要去估算他的行为对那些与他大相径庭的人,对小生意、拖欠贷款者或者其他处在挣扎线上的客户有什么样的影响。更宽泛地说,我们从种种基于需求的合作中能收获到一种洞察自我的能力。

---

8. Cf. Michael lgnatieff, *The Needs of Strangers*, Penguin, 1986.

困难的合作最重要的因素就是对技巧（skill）的需求。亚里士多德将技巧定义为"技术"（techné），让某事发生并能很好地处理的技术。伊斯兰哲学家伊本·赫勒敦（Ibn Khaldun）认为，技巧是工匠的特权。或许你像我一样不喜欢"社交技巧"这个短语，它意味着人们善于在鸡尾酒会上聊天或向你兜售那些你不需要的东西。毕竟，还存在着一些更加严肃的社交技巧。善于聆听各种声音、行为得体、求同存异，或者避免在艰难的讨论中受挫，所有这些行为都有一个技术名词：它们被称为"对话技巧"（dialogic skill）。在解释这个词语之前，我们应该询问，为什么这些具有技巧的合作方式，更少出现在人们的日常实践领域，而更多地出现在我们认为应该如何的理想领域。

去技能化（de-skilling）

对部落主义的批判经常暗藏责备，好像部落主义者们辜负了批评家自己建立的世界性标准（cosmopolitan standard）。而且，人们很容易想象，与异己之人的辛苦合作总是罕见的。现代社会已经用不同的方法削弱了合作。最直接的削弱就是通过不平等来达成的。

正如用广泛使用的统计工具基尼系数测量后所显示的，在发达国家与发展中国家，不平等在上一代人中都发生了戏剧性的增长。在中国,经济发展导致基尼系数高涨,城市的财富增长远远高于农村。在美国,财富的消退导致了内部的不平等;高技能制造业岗位的流失使财富总量减少,在位于财富排名顶部的1%的这块极小的集中区域里,0.1%的顶端富人的财富以天文数字飙升。经济的不平等在日常经验中被翻译为社会差距;精英远离大众,一名卡车司机的期待和挣扎与一名银行家的期待和挣扎几乎没有共同之处。这种差距当然激起了普通人的愤怒,"我们反对你们"的想法与行为成为一个理所当然的结果。

现代劳动的改变用另一种方法削弱了与异己合作的欲望与能力。从原则上讲,每一个现代组织都热衷于合作;但事实上,现代组织的结构却抑制了合作——管理学讨论中公认的"谷仓效应",不同的单位分割了个体与部门的孤立,没有分享的人们和群体,而他们实际上都囤积着对他人有价值的信息。人们在一起工作时间的改变加剧了这种孤立。

现代劳动愈发具有短期特点,短期或临时兼职工作取代了在一个机构内的长期职业生涯。据估计,一个2000年开始就业的年轻人在他/她的工作生涯中会换12到15次雇主。[9]在

---

9. Richard Sennett, *The Culture of the New Capitalism*, Yale University Press, 2006, p. 95.

组织内部社会关系也变得短暂,管理学实践建议工作团队在一起协作的时间不超过9到12个月,这样员工们就不会"扎根过深"(ingrown),从而避免个人之间的彼此依赖。肤浅的社会关系就是短期工作产生的后果之一;人们不长期留在一个机构,他们对组织的了解和责任都会减弱。肤浅关系与短期机构维系共同加强了"谷仓效应":人们只关心自己,不卷入到与自己无直接关系的问题中,尤其不与在机构中做着不同事情的人打交道。

除了物质的与机制的理由之外,今天的文化力量也在对抗着需求类的合作实践。现代社会正在产生一种新的性格类型。这种类型的人决定减少差异所带来的焦虑,无论这些差异来自于政治、种族、宗教、伦理还是情欲。他们的目标是避免觉悟,尽可能减少受到巨大差异的刺激。帕特南所说的"退避三舍"(withdraw)是减少这种刺激的方法之一,但是如此一来,人们的品位开始趋同。文化的同质化在现代建筑、服装、快餐、流行音乐与酒店等事物中显而易见,形成了一张没完没了的全球化的清单。[10]"每个人都基本一样"表达了一种寻求中和(neutrality-seeking)的世界观。这种企图

---

10. Naomi Klein, *No Logo*, Flamingo, 2001.

中和、驯化差异的欲望来自（或者我试图展示）一种对差异的焦虑，这种焦虑还与全球消费文化经济交织。其结果之一就是削弱了与一直倔强地处于他者位置的人合作的冲动。

正是由于这些物质的、体制的与文化的原因，现代世界还没有做好准备迎接基于需求的合作提出的挑战。我要将这个弱点放在一个初看起来奇怪的框架之中：现代社会让人们在实践合作的过程中被"去技能化"（de-skilling）了。"去技能化"这一词语来自工业生产中人被机器取代，复杂的机器替代了要求技能的手工劳动。这种替代现象发生在19世纪，例如在炼钢业中，仅仅将简单而粗糙的活儿留给手工业者；而今天的逻辑则是对机器人的推广，旨在取代服务和制造行业里昂贵的人工劳动。"去技能化"同样发生在社会领域内：由于物质的不平等对人们的孤立，人们失去了处理困难差异的技巧，短期劳动让他们的社会联系更肤浅并且激发了对他者的焦虑。我们正在丢掉能够让复杂社会运转的合作技巧。

我的论点并不是基于对那个充满魔力的往昔的怀旧，尽管那个时代看上去更好；而是说人们用复杂的方法合作的能力植根于人类社会发育的早期，这些能力在后来成年生活中也并没有消失。但这些发展中获得的资源却面临着被现代社会浪费掉的危险。

幼儿期的合作

儿童心理学家艾莉森·高普尼克（Alison Gopnik）观察到，婴儿生活在一种流动性的成形状态中；在成长早期的几年里，认知与情感能力变化的速度之快令人惊讶，这些改变塑造了我们的合作能力。[11] 婴儿时期与照顾我们的成年人的联系和互动经验埋藏在我们每个人的身体之内，作为一个小宝宝我们必须学习如何与成人合作才能生存。这些婴儿时期的合作实验类似于排练，因为婴儿要尝试与父母和同龄人相处的各种可能性。遗传模板提供了一个方向，但是人类婴儿（如同所有灵长类动物幼崽）也会通过研究和实验来改进他们的行为。

在生命的第4到第5个月当婴儿开始与母亲一起合作哺乳行为的时候，合作变成了一项有意识的活动。婴儿开始回应母亲叫他怎么做的口头指示，尽管他不懂那些话，但他会回应某个特定声音音调并依偎在有所助益的位置上。多亏了这些口头提示，预判能力进入了婴儿的行为指令系统。而在随后的第二年，婴儿们开始用相似的方式互相回应，开始预计彼此的行动。现在我们知道了，这些受提示的行为——对预

---

11. Alison Gopnik, *The Philosophical Baby*, Bodley Head, 2009.

期与回应的刺激——激活了大脑中之前休眠的神经线路,由此合作促使了人类婴儿精神活动的发展。[12]

非灵长类的社会性动物所给出的提示是静态的,也就是可以立刻读懂的。当蜜蜂互相"跳舞",就是在传递明确信号,比如西北处400米能够发现花粉;其他的蜜蜂则能够立即理解这些指示。在人类婴儿经验中,指示跟蜜蜂的越来越不同。人类婴儿尝试手语、表情、抓或摸,这只会让成年人产生迷惑,而无法被立即解读和理解。

心理学家杰罗姆·布鲁纳(Jerome Bruner)强调了这些谜一般的信息作为认知信号发展的重要性。婴儿用自己的方法指出一个意义会不断增加,比如哭泣。婴儿在头两个月的哭仅仅是在报告疼痛;而随着时间推移,哭有了多种形式,因为他试图表达更加复杂,父母更难理解的意思。这个缺口在婴儿两岁的时候形成,并且改变了"相互"的意思;婴儿与成人在给予与获得的行为中彼此联结,却又不太确定彼此之间的交换的是什么,因为指示过程变得更加复杂了。传达与接收的缺口,布鲁纳说,在婴儿与成人的关系中开始了一

---

12. James Rilling, David Gutman, Thorsten Zeh et al., "A Neural Basis for Social Cooperation," *Neuron*, 35 (18 July 2002), pp. 395–405.

个"新的篇章"。[13] 但这新篇章并不是灾难。婴儿和成人都在学着适应,他们确实受到刺激,因而需要花更多时间彼此关注;沟通没有中断,只是变得更加复杂。

但是,父母还是很容易想象,当婴儿离开伊甸园,便进入了本杰明·斯波克(Benjamin Spock)著名的"可怕的两岁"。[14] 这一阶段过度的愤怒通常被解释为婴儿因与母亲的身体分离而变得暴躁。儿童心理学家东纳·温尼科特(D. W. Winnicott)与约翰·鲍尔比(John Bowlby)则第一次描绘出了一个更加精细的图景。温尼科特在基于对普通父母的观察的研究中发现,婴儿在与母亲合作完成哺乳时开始意识到母亲的乳头并不是他/她自己身体的一部分;温尼科特告诉我们,婴儿越是能自由地触摸、舐和吸吮乳头,他或她就越觉得乳头是一个外在的、分开的事物,仅仅属于母亲。鲍尔比则同样观察到,两岁以后的孩子在玩耍时的策略性自由:越是让他们自由地玩玩具,他们就越会意识到实体

---

13. Jerome Bruner, *On Knowing: Essays for the Left Hand*, Harvard University Press, 1979.

14. Benjamin Spock and Robert Needlman, *Dr Spock's Baby and Child Care*, Sirnon and Schuster, 2004, pp. 131–150.

物品有着它们自己的存在。[15] 这种分离的身体意识也同样出现在与其他孩子的交往中，他们自由地打、踢、舔对方。当他们发现其他孩子不会如他所期待的那样回应他的时候，他就会发现其他孩子是独立事物。

因此学步期提供了体验复杂与差异的基础。儿童很少彼此"退避"，这就让人想起帕特南描述的景象。他们之间越是不同越是南辕北辙，他们就越愿意互动。关于这一点我们希望把父母也放到画面里。一方面，持续与婴儿讲话的父母会带出更善于与其他婴儿社交的两岁孩子，对照顾他们的人也不那么爱发脾气，而安静的父母更容易使孩子在社交中被孤立。父母刺激带来的差异可以从婴儿大脑神经回路的活跃与否检测出来。[16] 但即使是来自父母的刺激被抑制，婴儿希望交流的身体冲动也不会被抹杀。两岁时，所有婴儿都开始注意并模仿其他人的举动；对实体物件的学习也开始加速，尤其是对东西的大小与重量，以及它们的物理危险性。在一个共同项目上与人合作的社交能力，诸如堆雪人，在孩子三

---

15. D. W. Winnicott, "Transitional Objects and Transitional Phenomena," *International Journal of Psychoanalysis,* Vol. 34 (1953), pp. 89–97; John Bowlby, *Attachment and Loss,* vol. 2, (1992), Penguin.

16. Sarah Hrdy, *Mothers and Others,* Harvard University Press, 2009.

岁的时候完善起来：就算是父母所不鼓励的行为，小孩子们还是乐意做。

理解像排练一样的合作作为成长早期经验的好处之一就是可以解释婴儿是如何面对挫败感的。没有沟通交流的能力，导致婴儿用哭嚎来表达挫败，还学会用不同音调的哭声来表达——结果是惊人的。鲍尔比发现随着声音控制系统的展开婴儿们会哭得更多，因为这时他们对发出声音这件事本身更为关注和好奇，他们不再只是发出一个纯粹的痛苦报告。

同样重要的是结构与规训问题。在排练中，重复提供了一种规训结构，你翻来覆去做一件事，尝试做得更好。纯粹机械的重复正是童年玩耍的基本元素，就好像一遍又一遍地听用同样方式讲述的同一个故事是一种乐趣。但是机械重复只是元素之一。大约在四岁时，儿童开始能用我们能理解的方式进行实践活动，无论是体育运动或是演奏乐器；他们努力通过重复把正在做的事做得更好。

对社交能力的影响随之而来。鲍尔比发现，在幼儿园中，当孩子在一起并重复做一些尝试的时候，重复便将他们连接在一起；比如，一起表演节目时，在协调好的时间中唱歌产生的挫折感，这就成为鲍尔比所说的"过渡性影响"，即是说，没有什么能绝对阻碍他们在下一次时努力协调一致。更多研究表明，为了提高水平而反复做一项规律性动作的排练,独自做起来更加困难。更正式地说,及时的重复让合作能够持续,并可以不断地改进。

到四岁时,合作的基本能力得到进一步发展。当然,将年龄作为我们讨论的标识有一些武断;成长是具有灵活性的,每一个孩子都不一样。但是,心理学家埃里克·埃里克森(Erik Erikson)的研究显示,到了这个年龄,儿童开始有能力自我反思式地、有自我意识地研究自己的行为,学习可以与自我相分离的行动。[17] 他认为在实际的情况下,孩子开始不需要家长与同辈的指导和纠正就能够进行自我批评;当孩子可以这样做的时候,用埃里克森的话讲,"个体化"就在他/她身上开始了。到五岁的时候,孩子成了狂热的修正主义者,改正曾经帮助他们但已经不能再满足他们需求的行为。

反思,自我批评的想法并不表示他们会远离其他孩子;

---

17. 埃里克森的"人的八个时期"(eight ages of man)将从婴儿出生之后不久开始的第一次合作(婴儿的嘴开始接触到母亲的乳房)那一刻起,一直到自我意识的完形,甚至到接近生命尾声时、我们冥思死亡时的绝望,这些生理和心理发展的不同阶段联系起来(第二章和第七章)。埃里克森的第二个阶段"消除"(elimination)是孩子在生理上开始学习如何"依靠自己的双脚站立"的时期,同时期也伴随着情感上的发展"自治对抗自我怀疑与羞涩"(第251–254页)。在这个阶段,孩子开始学习将自己看作一个有自己意志、欲望以及行为习性的独立个体,并且发展出一套自我控制与自治的观念。参见 Erik Erikson, *Childhood and Society*, New York: Norton, 1964.

孩子们能够一起反思。埃里克森对这一过程提供的证明之一就是做游戏。五到六岁的孩子开始对游戏规则讨价还价，不像两三岁时仅仅服从给定的规则；协商出现得越多，孩子们在游戏中彼此联系得就越紧密。

一个世纪以前，历史学家约翰·赫伊津哈（Johann Huizinga）在他研究游戏的著作《游戏的人》中指出了观察游戏规则与商讨游戏规则应该如何区分之间的差别。对于赫伊津哈而言，这些似乎只是孩子们可以随时选择的选项。现代心理学家则将其视为人类成长的一段过程。正如最近的研究所表明的那样，首先来到成长过程中的是单纯的服从，协商的能力则稍后。[18] 意义深远的结果随即发生：成长让我们能够选择我们所想要的合作类型，选择我们在其中交换什么、该如何合作。自由便是合作经验的结果。

埃里克森对这一阶段的笼统观点是，合作先于个体化：合作是人类成长的基础，在合作中我们学会如何共处，然后学会如何独立。[19] 埃里克森似乎说得很明显了：作为个体的

---

18. Johann Huizinga, *Homo Ludens,* Beacon, 1950. Gerd Gigerenzer and Klaus Hug, "Domain-Specific Reasoning: Social Contracts, Cheating, and Perspective Change," *Cognition*, 43 (1992), pp. 127–171.

19. 这个命题在过去的半个世纪中受到了挑战。近期的研究显示个性从人类发育的最初阶段就开始显现了。参见 Erikson, *Childhood and Society*, pp. 244–246.

我们无法在孤立中成长。这意味着，尽管在成长中充斥着误解、分离、对象的变化与自我批评，但这都是在考验我们如何与他人相处而不是躲避他人；如果社交纽带是基础，那么到孩子们接受正式的学校教育时，其中条款已发生了变化。

这是合作开始发展的方式之一。我确定关于孩子们是如何成长的，每一位父母都能讲述一个不同的故事。我的故事所强调的是，与他人发生联系需要技能；孩子们合作得越好，社交与认知技能就会越牢固。我所强调的两种技能就是实验和交流。实验鼓励尝试新事物，并随着时间的推移将这些变化结构化。年轻人通过重复的、拓展的实践过程来学习这一技能。正如婴儿传达出模糊的信号，早期的交流是模糊的，但到了孩子能够对游戏规则进行讨价还价的时候，他们已经可以讨论并解决这些模棱两可之处了。埃里克森的宏大观点当然对我有价值，在与他人的实验与交流中，人们的自我意识开始浮现。我也同意高普尼克（Alison Gopnik）所强调的，早期成长就是可能性的排练。

你们或许已经观察到了，无论你对儿童持任何观点，根据这些条款来学习合作都不是容易的事情。其中的困难在某种意义上是积极的，合作成为赚得的经验而非只是不假思索的分享。在生活的其他任何领域里，我们努力争取过通常都会得到奖赏。那么排练过程如何为日后生活中的复杂合作打下基础？

对话论 (dialogics)

"不会观察的人不懂得交谈。"[20] 一位英国律师的警句提醒了我们"对话"的本质。这一技术性名词意味对他人的关注和回应。律师的这一警句特别强调要注意聆听者在讨论中的意义。一般而言,当我们谈到交流技巧的时候,我们常常聚焦于如何清晰地表达我们的所想所感。这些技巧的确是重要的,但它们的特点是宣告式的。倾听则要求一套不同的技巧,也就是在回应他人之前认真留意和诠释他人的话语,了解他人动作、沉默以及发言的含义。我们未必需要克制自己去仔细观察,但是如果这样做了,产生的交谈将是更丰富的交流,更加具有合作性和对话性。

排练

一种司空见惯的恶习是认为我们自己的经验具有极高的符号价值,而我接下来要连续几页缠绵于此种恶习。聆听技巧的一种模式出现在成年人对某一专业事物的排练中,比如在表演艺术中必须要做的。我十分了解这种模式。在我还年轻的时候,我曾是一名专业音乐家,既是一名大提琴手,也

---

20. Balfour Browne, KC, quoted in Geoffrey Madan, *Notebooks*, Oxford University Press, 1985, p. 127.

是一名指挥。排练是创作音乐的基础，排练音乐时，听的技巧至关重要，通过好好倾听，音乐家才能成为更懂得合作的生物。

在表演艺术中，单是对与他人合作的需要就经常使人震惊。年轻的音乐高手通常经过短期培训便开始演奏室内音乐，他们还没有准备好关注他人（我十岁的时候也是那样）。尽管他们或许对自己演奏的部分掌握得炉火纯青，但是在排练中，他们必须学会向外部打开，学习自我克制的聆听之技艺。然而，有些时候结果走到了相反的极致，乐手融入演奏让自我淹没在更大的整体之中。但是，纯粹的均质化不是一同演奏的良方，甚至可能是一剂毒药。音乐的特性并不是通过服从与坚持的小戏码得以呈现的，尤其是在室内音乐中，我们需要听到个体发出的时而互相冲突的不同声音，比如运弓或击弦的音色。一起挥舞这些个性的音符，就如同指挥一场丰满的对话。

在古典音乐中，我们用乐谱来演奏，乐谱似乎统管着对话。单是印刷乐谱上的墨点并不足以告诉我们音乐听起来究竟什么样。正如大提琴家罗伯特·温特（Robert Winter）在描述排练贝多芬的四重奏时写到的，乐谱与表演之间的差别在于乐手演奏的各种乐器的特性、乐手不同的性格，当然还有文本带来的迷惑。[21] 音乐中最使人抓狂的音乐指示是"充满感情地"（espressivo），为了将这种指示转译成声音，我们不得不用直觉感受作曲家的意图；个体乐手可能会发出关于如何"充满感情地"演奏的提示，而其他乐手无法理解——就好像又回到了婴儿床边的哭声一样。

除去那些让人迷惑的指示，排练时的交流是揣测作曲家谱下这些音符时听到的。比如舒伯特的《八重奏》，作曲家将最初由八个乐手共享的旋律打破成为片段。这种情况十分微妙：当断裂出现时，每位乐手都必须传递出类似于"我要在这里下火车"的信息，而又不能把他或她的离开小题大做。我猜这就是舒伯特想要的，但是要证实，我只能通过与其他乐手一起演奏，让我的乐声融入他们之后再离开他们来达到。正是由于乐谱与声音的这种鸿沟，我睿智的老师，伟大的皮埃尔·蒙特（Pierre Monteux），时常命令学生："要听，不要读！"这种做法在排练中是必要的。

演奏音乐时，练习与排练有着基本的区别。一种是单独经验，另一种则是集体经验。两者的共同点首先是一开始都

---

21. Robert Winter, "Performing the Beethoven Quartets in their First Century", in Robert Winter and Robert Martin, eds., *The Beethoven Quartet Campanion*, University of California Press, 1995.

必须过一遍整个谱子，之后再专注练习困难的段落，这些都是标准流程。音乐中这两种不同形式的分工，首先是因为排练将不同的音乐习惯拖进共同的理解中。独自练习的时候，乐手会将他要演奏的部分一遍又一遍地练习，直到对这个段落的把握可以做到信手拈来。这对于那些准备参加公开演出的乐手是必要的——只有很少的几个表演者，比如小提琴家弗里茨·克莱斯勒（Fritz Kreisler）和指挥家皮埃尔·蒙特，他们能够在练习几遍之后记住整本乐谱。对于我们其他人来说，危险在于感觉不到这些已经烂熟的段落在别人听来如何。而在排练中，一位乐手可以提醒另一乐手注意到这一点。

孩子们讨论游戏规则的时候，必须经过一致同意才能玩到一块儿。音乐家却并不如此，或者不尽如此。我与单簧管演奏家阿伦·拉斯布里杰（Alan Rusbridger）一起排练舒伯特的《八重奏》时，我印象深刻的是那时候他说，"教授"——他是职业记者所以他这么称呼我也并不完全算是恭维——"您的高音有点刺耳。"独自练习的时候，我会忘记这在他听来可能会是什么样的，而他告诉了我。但我并没有把我的声音放柔，我仔细考虑了这里是否应该刺耳一些，之后做出决定应该这样，甚至把音演奏得更刺耳了。我们的交流产生了，对我来说，他不喜欢的音更具有提示价值。正如在良好的讨论中：丰富性清清楚楚，意见分歧并不会阻止人们继续交谈。

如果在排练过程中，一个乐手进来就开始阐释"舒伯特八重奏的意义"，或者所有乐手都在讨论它的文化含义，那么排练便无法进行下去，排练本身就会变得像一个研讨会。但是事实上几乎没有排练像哲学研讨会般进行。拥有好的排练技巧的乐手能够用辩论一样的方式排练，研究具体的问题。诚然，许多乐手都是高度固执己见的（我当然也是），但是只要这些固有的见解能够塑造出一个集体发声的特殊时刻，那么这些见解就有可能动摇其他人。这种经验主义或许是有关艺术排练合作的最让人有共鸣的地方了：合作是从零开始的，表演者必须找到并且说出重要的细节。

时间上的差异也区分了练习和排练。职业乐手在独自练习的时候，能够一口气练上八小时甚至更久。他们懂得如何构造"研究性重复"的过程，因此他们能够长时间集中注意力。小提琴家艾萨克·斯特恩（Isaac Stern）就是此中翘楚。他曾经对我说："我整晚都没睡觉，终于把勃拉姆斯协奏曲的前几个小节拉对了。"专业音乐团体的每一次排练都很少超过三小时，部分的原因在于关于超时的统一规定以及其他经济上的制约。如果一个团体幸运，他们在首演前对一个曲目可以有五次以上的排练机会，虽然现实情况一般是两三次。很多集体劳动都被迫压缩在短时间内。表演者表达他/她所发现的重要细节时必须节约时间。专业乐手的排练中的交流非常有社交性，因为他们常常要与陌生人沟通。专业乐手是移居者。如果乐手是个演艺明星，他／她将总是在路上，与不知名的管弦乐队或者临时乐团合作。就算对于扎根乐团多年的更稳定的乐手而言，业余时间也都被偶然出现的各种演出机会填满，这些机会通常来自诸如在城外的教堂或者婚礼，以及其他音乐厅之类的。与陌生人交流的考验强化了对细节的追求，因为能跟他们在一起的时间只有几个小时。

解决这种问题的办法之一，就是使用一些简单的仪式。每个乐手都会发展出一套表达习惯，他／她希望能马上将这些习惯用到关键段落。当我在巡演中演奏舒伯特的《八重奏》时，我在乐谱上标记了些关键的位置，我知道在这些地方我想放慢速度，或是其他地方我想脱离旋律。排练中的仪式就在于对这些标记的共享，如果其他人也做了类似标记，我们立刻就能商讨解决该放慢多少速度；如果他们没有做这样的标记，我们就会协商是否应该将节奏放缓。标注段落的仪式有一种象征性力量，它让其他乐手知道你是什么样的表演者，你一般怎么运弓，怎么塑造动态；同事们将会用直觉猜测你在没有标记的段落会怎么做，这样的段落可以先不排练。

仪式促成表达性合作——这一点十分重要。当合作的意愿出现，仪式便促成宗教中、工作场所中、政治及社区生活中的表达性合作。相当肯定的是,那些致力于研究神秘的舒伯特八重奏的夜晚绝不是现在所谓的"主流活动",这是一种神秘的生活方式。我在这里讨论的也并不是将排练过程中的乐手与我们亲近的表兄弟或职业运动员进行直接的比较,那是另一种高度特殊化的合作形式。但是我作为一个年轻职业乐手的经验来自于人类共同的基础,将此与早期童年的体验联系起来的关键点在于:最初的交流都显得含糊不清,随着时间推移则变成有结构有重点的实践、关于差异的对话、服务于自我批评与反思的实践。[22] 排练中的乐手是成年的埃里克森主义者,他们需要互动,需要互换互利,他们需要用合作来创作艺术。

辩证性交流与对话性交流

音乐排练与口头交谈之间可以类比,但是这里面隐藏着一个疑团。乐手之间大部分的实际沟通包含了挑眉、嘟囔、看一眼,以及其他非口头的动作。并且,当乐手试图解释一些事情的时候,他们更经常直接展示而不是用语言诉说,也就是说他们演奏某一特殊段落给其他人听,让别人来理解他们在做的

---

22. Richard Sennett, *The Craftsman*, Allen Lane, 2008, pp. 157–176.

是什么。当我说"可能要更充满感情地",我很难用词语准确表达我的意思。但是在交流里,我们必须找到恰当的词汇。

不过音乐排练还是跟讨论类似,在讨论中,倾听他人的技巧跟清晰表达同样重要。哲学家伯纳德·威廉姆斯(Bernard Williams)曾尖刻批评过"断言崇拜",那是一种企图将你的观点彻底阐明的冲动,仿佛只有这个内容是重要的。[23] 倾听的技巧不怎么出现在这种口头交锋中,对话者只需要表示欣赏和同意,或者以同样的决断性进行反击——在大多数政治辩论中常见的聋人的对话。

尽管有的发言者很不善于表达他/她自己,好的听众不会纠缠于这种单纯的缺陷。好的听众必须对意图、建议提出回应,这样才能让交流继续下去。

仔细倾听产生两种类型的交谈:辩证性的(dialectic)与对话性的(dialogic)。在辩证性对话中,正如我们从学校里学到的,论辩双方会逐渐达成综合意见。辩证起源于亚里士多德在《政治学》中的评论:"尽管我们可能用的词语相同,但是不能说我们说的是同一件事。"辩证的目的是最终

---

23. Bernard Williams, *Truth and Truthfulness*, Princeton University Press, 2002, pp. 100–110.

达成共识。[24] 辩证实践的技巧就在于要发现究竟什么能够建立共识的基础。

关于这种技巧,西奥多·泽尔丁(Theodore Zeldin)在一本关于交谈的智慧小书中写过,擅于倾听的人更多地通过其他人的假设而非说出来的话来找到共同基础。[25] 倾听者阐述假设的方式就是把它变成词语。你了解了意图、语境,然后清晰地表达,进行讨论。另一种技巧则出现在柏拉图对话录中。在书中,苏格拉底总是用"换句话说"来复述发言者的话,以此证明了他是个好听众——但他复述的并不完全是别人所说的或者他们想要说的。这回声其实是一种置换。这就是为什么柏拉图对话录中的辩论不大像口头决斗式的争论。某一主题的对立面并不是"你这个笨蛋,你错了!"。其实,误解与目的的不同也能发挥作用,疑问被摊到了台面上,之后,人们就必须更加用心彼此倾听。

在音乐排练中也有类似情形,有个乐手说:"我不懂你在干什么,是像这样吗?"复述让你再次考虑这些声音,结果是你可以做出调整,而不仅是重复你所听到的声音。在

---

24. Aristotle, *Politics*, ed. Richard Mckeon, trans. Benjamin Jowett, Random House, 1968, p. 28.

25. Theodore Zeldin, *Conversation*, Harvill, 1998, p. 87.

日常交流中,"征求他人的意见"这句话的基本意思就是这个,最后这些交流的落地之处往往会让众人都感到惊讶。

"对话性"(Dialogic)是俄国文学批评家米哈伊尔·巴赫金(Mikhail Bakhtin)杜撰的一个词,用以命名那些无法最终找到共识的讨论。尽管没有达成共同意见,通过交流过程,人们可以对自己的观点有进一步认识,并逐渐拓展彼此的理解。"教授,你的高音有点刺耳"开启了排练舒伯特《八重奏》时的对话性交流。巴赫金将结合紧密但是意见不同的交流这一概念应用到拉伯雷和塞万提斯等作者的身上,他们笔下的对话正是通过辩证达成一致的反面。拉伯雷笔下的人物从一个看似互不相关的方向说起,其他人物接上话头;人物受到彼此的驱动,于是讨论变得复杂起来。[26] 有时

---

26. Mikhail Bakhtin, *The Dialogic Imagination*, trans. Caryl Emerson and Michael Holquist, University of Texas Press, 2004, pp. 315–361. 巴赫金论及小说中不同人物语音的层叠——包括作者自己的——作为文本的深度和丰富性的源泉时说:"小说中人物所使用的语言以及他们的表达方式在口头上和语义上都是自足的;每位角色的语言都拥有自身的信仰系统,它们每一个都是来自另一语言中的另一个人的表达;因此它也可能折射了作者的意图并且因而在某种程度上为作者构造了一门第二语言……作者的语言几乎总是受到角色表达的影响(有时候甚至很强烈),被另一个人的语词来浇灌……并且通过这种方式为其代入丰富的层次和语言的多样性……因此尽管有时候没有喜剧元素、没有戏仿、没有反讽等,没有叙事者、没有假想的作者或叙事角色,语言的丰富性和层次感却仍然构成了小说风格的基础……散文的立体感和深刻的语言多样性进入了对风格的规划,并且成为了它的决定性因素。"第315页。

候,精彩的室内音乐演出会发生类似情况。听起来乐手们并没有在演奏同一页乐谱,表演变得更细腻,也更复杂,但是乐手们还是在互相激励着——在室内古典音乐演奏和爵士演出中都如此。

当然,辩证性与对话性交流并不是非此即彼的。正如泽尔丁版本的辩证性交谈那样,对话性交流的向前推进来自于对他人言外之意的揣测。如同苏格拉底狡黠的"换句话说",在对话性交流中,误解可以最终澄清彼此的理解。所有聆听技巧的核心还是在于对具体或特定细节的捕捉,进而推进交谈。不善于聆听的人在回应时就会回到泛泛而谈,他们没有注意到那些打开讨论空间的短句、面部表情或停顿。口头交谈跟音乐排练一样,交流是从零开始的。

缺乏经验的人类学家与社会学家可能会在引导交谈时遭遇特殊挑战。他们有时太急于回应,被话题牵着鼻子走;他们并不争论,他们只想证明他们有能力回应,证明他们用心了。这里面藏着一个大问题。一次对话会因为对他人过多的鉴别(identification)而被毁掉。

同情心(sympathy)与同理心(empathy)

我们通常会怀着一种"同情心"对他人的心理进行揣测,或者说鉴别他们。用美国总统比尔·克林顿经典的话来讲就是"我能感受到你的痛苦"。在《道德情操论》中，亚当·斯密将这种情形形容为一个人在"竭力地……将自己放置在别人的位置上，使自己充分感受一切可能发生在那个受难者身上的所有大大小小的苦难……通过所有微小的事件"。[27] 斯密将圣经中关于"对待别人就像你希望别人对待你一样"的禁令做了特殊的注释。一个人必须通过他人之眼观察自己，不是用观察一个人类同胞的眼光，而是留意那些"微小的事件"，事实上这些微小的事件常常与一个人自己的日常经验大相径庭。根据斯密的观点，想象能够克服成见所造成的障碍。想象力可以帮助我们完成一个神奇的飞跃，将差异转化为趋同，这样奇怪或者异国的经验就变得可理解了。然后，我们就可以鉴别并且用他们自己的标准来同情他们。克林顿式、快餐式、泛化的同情鼓舞着许多缺乏经验的社会科学采访者，造成了很坏的影响。亚当·斯密的研究工作所设想的去想象另一个人的具体经验这件事没有发生。而"我能感受到你的痛苦"这种说法对在一起表演的音乐家没什么用。对于采访者与音乐家而言，有效的是另一种交往的模式：同理心。

---

27. Adam Smith, *The Theory of Moral Sentiments*, Liberty Fund Press, 1982, p. 21.

在音乐的排练中,一个弦乐手可能会意识到他/她的同伴乐手用一种完全不同的方式来理解一段乐句,因而他们会用不同的方式来运用他们的弓。他/她留意到了这种差异。出于同情的回应可能会是先去鉴别他们,之后去模仿他们。同理心则更酷:"你演奏上弓(up-bow),我就演奏下弓(down-bow)……"差异依旧存在,但对于你正在干什么的认知信号已经传达出来了。在采访中,即便是在听者安静的时候,持续的目光交流仍可以传达出同理心——"我在专心倾听着你"而不是"我清楚知道你的感觉"。同理心比同情心反射出了更强烈的好奇心。

同情心与同理心都传达着对他人的认知,并且都建立起与他人的联系,只不过一个如同拥抱,而另一个如同邂逅。同情心是通过想象行为来鉴别从而克服与他人的差异;同理心则站在他人的立场上进行思考。同情心比同理心拥有更强烈的情感因素,因为"我能感受到你的痛苦"是在我自己的感觉的层面上制造压力,它能激活一个人的自我。同理心则是一种要求更高的实践,至少在倾听的时候,倾听者需要排除自己的成见。

对于不同时间与不同方式的合作实践而言,这些认知方式都是十分必要的。如果一群矿工被困在井底,无论我们是否从不曾去过矿道中,"我能感受到你的痛苦"的想法都能够激发我们想要帮助他们出来的冲动，而实际上我们是否会下到矿井中并不重要。但是在我们并不将自己放在他人的处境之中却仍然在帮别人的时候，比如与正在哀伤的人的交谈，而没有想要介入别人的遭遇。同理心具有一种特殊的政治功能，通过练习同理心，立法者或团体的领导者能够从他／她的选民那里学习，而不仅仅是用他们的名义说话。更具现实意义的是，带着同理心的倾听可以帮助社区工作者、牧师或教师为那些有种族分歧的社区进行调解。

作为一个哲学问题，同情心可以为"正题—反题—合题"（thesis-antithesis-synthesis）的辩证（dialetic）游戏提供一种情感上的回报，"最终，我们相互理解了"，并且这感觉很不错。同理心则更多的与对话性（dialogic）的交流联系在一起，尽管好奇心维系着交流，我们却并不会为事件的结束或收场而同样感到满意。但即便如此，同理心也确实能提供它独特的情感上的回报。

间接（indirection）

"Fuck you，fuck you"不仅仅是脱口而出的纯粹冒犯，它会使交流陷入瘫痪。对这种脱口而出的攻击的直接回应大概是"well，fuck you too"。对手就这样被困住了。在我刚刚到英国生活的时候，我以为国会每周三的"首相问答时间"

就是这类情形，一场首相与反对党主席都毫不相让的口头交战，并且看上去随时可能会打起来。当然，他们不会动手。今天，这种看起来致命的战争其实与美国的职业摔跤比赛一样，都是为了拍电视。但在实际生活中，激烈的口头攻击常常越过那条边界。

更多英国青年的经验向我揭示了一条避开这类危险的途径。作为一个刚刚从纽约茱莉亚音乐学院（Julliard School）的高压竞争中毕业的年轻音乐学生，我惊诧于第一次在伦敦与一些年轻音乐家们一起排练时的情景，在讨论中他们时不时冒出诸如"可能""也许""我本以为"之类的词语。在其他一些交流中也有类似的情况，无论是在本地酒吧还是在贵族金主的画室中，这些英国人都展示出大师般娴熟的对虚拟语气的使用技巧。

仅仅是出于礼节吗？也许是，但不只是出于礼貌。排练变得更加有效，因为这种虚拟语气为实验打开了空间，这种试探性的用词向他人发出了加入的邀请。可以确定的是这些差异比如羞涩，可能是一种被反转了形态的自恋——一个人过度（太过度了）在意他/她自己了。另外一个事实就是英国人常认为他们自己没有美国人那么容易受好胜心的驱使。根据我的经验，他们也一样有野心，只不过表现得不那么明显罢了。这使得在排练室的合作变得顺利，在酒吧里的交流变得轻松顺畅。

在我成为一名社会研究者之后,当我开始思考人类的关系时虚拟语气进一步向我展示了它的面容。外交官需要很好地掌握这门技巧以进行谈判从而避免战争。在商业交易与日常社交中也是同样,"也许"与"我本以为"是瘫痪局面的解毒剂。虚拟语气对抗了伯纳德·威廉姆斯对"断言崇拜"的恐惧,为原来那种陌生人居住在一起充满不确定的共同空间打开了新的局面,不论这些陌生人是移民还是本地人全都可以被安置在同一个城市里居住,让同性恋和直人可以在一条街道上共同生活。社会引擎得到了润滑,只要人们的行为不表现得太过夸张。

虚拟语气在对话性领域更是如鱼得水,这个交谈领域制造了一个更加开放的社会空间,在那里讨论会走上不曾预料的方向。对话性的交流,如上文提到的,正是通过同理心起作用,人们对他人如何理解自己保持着好奇的情感。比起同情心常常表现出来的那种快捷的鉴别,同理心的情感显得更加冷酷,但它的回报却并不是冰冷无情的。通过对"间接"(indirection)的练习,用虚拟语气和别人交谈,我们能够体验到某种社交的快感:与他人在一起,关注并向他人学习,却不是强迫自己变得和他们一模一样。

对于我来说,这正是来自人种志的田野工作所带来的愉悦：你走出去和一些与你不同的人会面。那些轻松的聊天、随意的谈话所带来的欢乐，就好像漫步在一条陌生街道上，这些愉悦激发着每个人心中人种志研究的冲动。这里有些许窥淫癖的味道，但窥淫癖也许只是名气太坏了。如果我们只认识特别亲密的人，那么生活就会像一场难以忍受的绞痛。当我们仔细地观察时，会发现这样一种随意的谈话要成为一次有意义的邂逅还需要一些特殊技巧；对确信（assertiveness）的克制就像一套纪律，它打开了可以窥探另一个人的生活的空间，同样地，他们也可以窥探你的生活。

这样的交流正如排练一样，倾听技巧总是在先的。认真听实际上是一项解释性的活动，只有在专注于每一个细节时才能起到最好的效果，这就如同我们在寻求方法以看清那些别人认为理所当然却从未明言的细节。辩证性与对话性的流程提供了两种实践交流的途径：一种将对立引导向统一；另一种将各种观点弹开，并且在一条无止境的道途中体验。在认真听的过程中，我们既感觉不到同情心，也感觉不到同理心，它们都是合作性的驱动力。同情心更振奋人心，而同理心则更加冷静，更要求我们关注他人。在对话性理论中，人们并不需要像拼图一样彼此咬合，而是在互换他们的知识与乐趣。"也许"这样的话语让合作来得更容易些，这些交谈技巧就如同为蹒跚学步的孩子所设计的沙盒一般，能够让大家都在其中玩要——这就是一种人与人的联系。在生命的最初岁月中，人类习得了如何练习合作，寻找差异并改变相处模式。事实上，成年人的交谈也充满了这些成长所留下的痕迹。

现代社会更懂得如何组织第一种交换，而不是第二种；更善于通过辩证性的论争而不是对话性的探讨来进行交流。这种对立引人注目地出现在合作的技术前沿。

线上合作

对许多像我这般年纪的人来说，线上交流并不是一件自然而然的事。我写信时总是花很多时间精心措辞，因而我也不常写信；而每天收到数量庞大的电子邮件往往让我心情沮丧。与当面沟通或者电话交谈相反的是，我在线打字沟通的速度慢得令人痛苦。尽管如此，新型通信技术的出现已经不可逆转地改变了交流的景观。

当线上交流刺激并号召人们离开显示器屏幕进行线下行动的时候，它才显示出最强的政治潜能。讽刺的是被压缩精简的推特（Twitter）推送和手机简讯传递也能产生同样的效应，正如我们在2011年的突尼斯和埃及的起义中看到的那样：那些精简的讯息让人们知道重大的事件在何处发生，有谁被卷入其中，等等；人们聚集到城市广场、政府大楼和兵营制定他们下一步的作战计划。这些被压缩过的讯息不是太碎片化就是太过精简，根本无法进行政治分析。脸书（Facebook）图像也具有类似的压缩效应：重要行动发生的场景得以展示，诸如"到那里去！"这样的紧急邀请通过这个平台发出。当通讯以这样的方式工作时，压缩的信息通过汇集，呈现人群得到物理化的显现。线上合作被转译成了血肉的联合。

那在线上的交流究竟意味着什么呢？难道这些交流具有同样的号召力吗？为了找出答案，我同意加入GoogleWave的beta版测试团队，[28] 这是一套针对严肃的线上合作专门开发的程序。新鲜出炉的GoogleWave看起来很棒。这个项目致力于将创意与贡献以清晰明确的形式呈现在屏幕上；同时，该项目努力保持开放，这样参与者可以自由地加入，甚至随着时间的推移改变这个项目本身。一个古老的文艺复兴时期关于实验性工作坊的想法似乎通过GoogleWave在数字空间中找到了新的位置。但是这次尝试并未成功，GoogleWave只投放运营了短短的一年时间（从2009年到2010年）就被公司宣告产

---

28. 在软件开发中，Beta测试版（Beta test）是软件即将发售的样本，用于开发的第二步测试过程。而alpha测试版是软件开发过程中测试的第一步。Beta测试包括单元测试、模块测试、系统测试等。可以把Beta测试理解为"软件发售前的最后测试"。Beta版一方面发布在网上供用户下载试用，另一方面为软件正式版本的放出做好准备。——译者注

品失败，并且关闭了这个项目。我所加入的GoogleWave小组致力于收集数据与制定有关伦敦移民的政策。我们进行阐析的数据由从移民社区收集来的统计数据、采访转录以及照片和影像组成，同时还包括我们绘制的关于这些移民每天从哪儿来在哪儿定居的地图。工作者和参与者分散在伦敦、不列颠与欧洲大陆，每隔几天我们就会通过发帖、阅读与交谈的方式进行交流。

我们的项目最令人困惑的就是不知为何那些移民英国的穆斯林家庭的第二代移民比起那些最初登陆这片土地的第一代移民对这个国家更加疏离，统计学家和人种学家对这种疏离提出了不同的证据：统计学家绘制了由于教育与工作方面受到阻碍而产生的人口流动路径图表；而人种学家发现年轻人不顾他们当下的生活环境，转而对他们父母所离弃的土地和生活方式进行了文化上的理想化。政府支持的介入让事情变得更加复杂，他们担心穆斯林年轻人被"异化"（alienated），并且对该落实什么样的政策予以应对也迟迟拿不定主意。线上合作是否能解决这类问题呢？

尽管所使用的基础技术相同，但这个项目的目标与在线社交网络完全不同。我们并不着力于"交友"业务，我们也不需要像脸书（Facebook）那样担心侵犯隐私的问题。事实上，很多社交网站的社交互动并不是很成功。作家萨拉·贝克韦尔沮丧地指出在网络上"21世纪每天都充斥着被自我填满的在线人群,只要花上半个小时在由博客、推特等组成的网络海洋中搜罗……就会发现成千上万的个人为他们自己的个性所着迷,并且哭着喊着要得到关注"。[29] 她的观察公正但却算不上完整。同样的技术有能力引发更多的后续交流,比如莎妮·奥佳(Shani Orgad)所进行的乳腺癌患者在线聊天室的研究。通过这个网站,女士们得以相互交流她们的重要信息与经验,作为她们与医生交流的补充。奥佳发现,在面对疾病的时候,聊天室所起到的作用甚至比在医院的面对面交流更有效。[30]

对于我们来说更急迫的问题是那些污染了政治博客圈的心理习惯,这些习惯的充斥让这些博客圈充满了激进的情绪——充满推动冒进的情绪而不是真正有来有往的讨论——凯斯·桑斯坦(Cass Sunstein)担心这会演变成一个"我们—反对—他们"(us-against-them)的情绪爆发的巨大群岛。[31] 我们必须要戒除那些导致"断言崇拜"的网络陋习。只有对

---

29. Sarah Bakewell, *How to Live: A Life of Montaigne*, Chatto and Windus, 2010, p.1.

30. Shani Orgad, *Story-Telling Online: Talking Breast Cancer on the Internet*, Peter Lang International Academic Publishers, 2005.

31. Cass Sunstein, *Republic.com 2.0*, Princeton University Press, 2001.

话性、探索性的交流才能帮助我们对所面临的复杂问题获得深刻的洞见。

我仍然记得,当初我以为GoogleWave技术将会有助于诸如此类的交流,但是这个程序的工作方式恰恰相反。程序工程师对合作的内涵有非常具体的想法,他们采用了辩证式的交流模型,并通过视觉形式实现了这种模型。GoogleWave利用彩色文本、超文本链接和屏幕侧窗在屏幕上构造出一个融合叙事的大对话框。就在这个框之内,由一条线性报告展示各种观点是如何达成共识的,项目如何由构思到完成。这个程序在每场讨论前都会将之前发生过的事件予以保存,只要通过鼠标轻轻一点就可以立即访问过往信息;然而,到某个特定时刻视觉设置会将那些看起来似乎无关紧要或者已经走入死胡同的信息通过侧窗来显示或者隐藏起来。

我们得到的GoogleWave的使用说明手册里声称这种设置是一种高效的合作方式,因为那些无关之事被丢到了一旁,然而程序却被证明太过简单了。它的辩证的、线性的结构无法解释随着合作的不断发展而产生出来的复杂性。所有真正的实验都有一个共同的特点:发现一些你没有料想到的东西。这样的发现迫使人们进行我们通常说的"跳出固有思维模式"(think outside the box),这种建立联系和比较的新方法被科学历史学家托马斯·库恩(Thomas Kuhn)称作"范式转换"。GoogleWave为合作交流而提供的这种结构在视觉上抑制了人们"跳出固有思维模式"去思考；它所抛弃的那些看起来无关紧要的信息也许以后会被证明是富有意义的。

在我们团队的工作中，随着越来越多的你来我往聚焦在宗教信仰问题上，类似"那些从北部移居伦敦的年轻女性怎么样了？"的问题越来越少被提起。因为看起来无关紧要，所以这类问题被放到了软件视觉结构的侧边条（side-barred）或者屏幕的外侧（side-screened）。有人开始质询那些早些时候提出年轻女性移居者问题的学者："我们好久没有听到你那边的消息了。"她的回复是："不，那项工作已经是过去的事了。"虽然对于她来说那个问题已经过去了，但是最终我们却发现性别对于解释那些第二代中究竟哪些人被异化了，而哪些人没有被异化的问题是一个非常关键的变量。她通过一种对话性（dialogic）的回应提出了一个看起来无关紧要的、外来的因素，而她的回应却被这种软件设置挡到了屏幕之外（side-screening）。

置于屏幕外侧对于在线团队而言有其深厚的社会重要性：如果对话性反馈（dialogic reaction）被逐步消除的话，那么随着项目定义的不断被明确，发散的思路的贡献者将备受冷落。因为复杂的意义层次还没有被建立起来，无法处理我们的社会问题或技术问题。随着我们不断跟随着这条由程序所设定出来的辩证性的叙事思路往下走，团队的工作激情开始逐渐衰退。

我要强调GoogleWave并不是一个独裁者。它可以被重新改造，比如说把主屏幕变得比所有围绕着它的侧边条都小。再比如说，不采用GoogleWave所推荐的管理员制度——管理员有可能变成一种思维交警，把所有看似无关的想法全都拦截下来，转而为每个参与者都提供不同色彩的、由点形成或者由短线形成的虚线在程序的不同视窗之间画箭头，从而挖掘更深刻的联系。但是屏幕看上去愈发糟糕以至于无法使用，我们开始放弃线上工作而更多地登上飞机——这可怕的现代社会的刑具——进行面对面的交谈，这样可以更有效地实践横向思维，并且在交流中保证每个人的完全参与。

"我看不出人们为什么不需要。"GoogleWave的一名设计师拉斯·拉斯姆森（Lars Rasmussen）说他与他的弟弟还同为Google Map程序设计员。这个方案被用户验证为失败了的产品。2010年的夏天，Google关闭了这一持续了一年的服务。"这是一款非常智能的产品。你永远不知道它为什么行不通"，谷歌首席执行官埃里克·施密特（Eric Schmidt）声明。³² 也许这并不是一个谜,只是我们需要一种更侧重于对话性的合作模式。

将信息分享误解为交流可能是这个项目失败的最大的原因之一。信息分享是一项对于明确性与精密度有要求的实践,而交流不仅关注说了什么,更关注那些没有被说出来的信息,交流在建议与暗示的领域产生。由于收发电子邮件时的急切心情,我们常将回复压缩到最简单的形式。而对于像GoogleWave这样的线上交流,视觉占据了主导地位,很难传达诸如讽刺或者疑惑等情绪。简单的信息分享替代了情感的表达。

信息与交流的分离影响着合作的制度实践。通过对公司、医院和学校使用的电子邮件或者类似电子邮件的技术的研究表明,内容的脱离意味着感知的脱离,人与人之间的相互理解萎缩了。通过指示性语言产生出的在线指令生产出了抽象的纲领,下属持续地阅读来自那些并非天才作家的雇主们所给出的指令的弦外之音。对于具体问题的互动速度减缓了,在针对特定问题的时候人们需要依靠更大量的电子邮件往来。感知能力的降低使技术专家杰伦·拉尼尔(Jaron Lanier)十分担心,他是第一个在二维屏幕上建造出

---

32. "BBC News Technology", 5 August, 2010, http://www.bbc.co.uklnew/technology-10877768.

模拟现实空间的三维空间的人。"当我和我的朋友们建造出第一台虚拟现实的机器时,我所想做的只是要让这个世界变得更有创意、更有表现力、更具同理心、更加有趣……而不是为了逃避现实。"[33]

这个程序的缺陷并不是谷歌独有(Google-ish)的,很多其他程序(有些仍然存在并且在Linux系统中可以免费使用)也在构想辩证式的而非对话式的合作,其结果仍然是被限制的实验与被抑制合作。可以说是因为程序员没有允许用户通过他们的机器来演练(rehearse)测试彼此之间互动的可能性。"排练"(rehearsal),正如我在前文中所提及的那样,是一类经验,从婴儿和孩童时期就开始生根发芽,并且不断扩展着我们交流的能力。GoogleWave存在着一些悖论:它显示出,在进行合作的时候,用户有能力处理比程序员所预想的更加复杂的情况;而程序员的想象力却不可能完全覆盖人们需要进行的交流活动的范围。

我要强调的是问题出在软件而非硬件,软件的编写工程师缺乏对社会交换的认识。GoogleWave的失败彻底地凸显了同一硬件在不同使用方法下的比对效用,如同一场政治

---

33. Jaron Lanier, *You Are Not a Gadget*, Allen Lane, 2010, p. 33.

动乱,这是程序员在写好这个程序的代码前根本未曾预料到的。拉尼尔警告说,普遍来讲,对技术的使用应该是使其服务于人的意愿,而不是通过对其的回应而屈从于技术。换句话说,面对一个被设计出来的社会项目的时候,你必须努力斗争或改变形态从而对复杂的社会交换进行实践。

通过失败来启用复杂性是哲学家阿马蒂亚·森(Amartya Sen)和玛莎·努斯鲍姆(Martha Nussbaum)研究的一个笼统主题。他们的"能力理论"认为,在现代社会中我们的情感和认知能力的实现是无规律的;人类能做到的要远比学校、工作场所和民间组织乃至政治制度所允许的更多。[34] 森和努斯鲍姆的观点给了我很大的启发,并为本书提供了主题的方向:人类的合作能力要比体制所允许的巨大且复杂得多。在这篇导言中我试图展示对他人的回应可以成为多么丰富的经验。那么接下来会发生什么呢?

关于本书

本书分成三个部分,探索了合作是如何形成、被削弱以及如何被加强的。每个部分都对合作进行了全面的探究,采

---

34. Martha Nussbaum and Amartya Sen, *The Quality of Life*, Clarendon Press, 1993.

用了人类学、历史学、社会学和政治学的研究方法。本书进行了一系列具体的案例分析。我为这些案例设计了对话性的讨论而非辩证性论争；我尽力支持读者的批判性参与而不是通过得点记分的方式将读者拐进某个特殊境地，以期将此书作为一次对合作的实践。

本书第一部分以合作是如何在政治中形成的作为开端。由于"我们对抗他们"（us-against-them）式的局面在现代政治景观中被放大了，因而在这个部分，团结是重点话题。是否存在一种合作的政治是由我们来争取的？第二章节主要讨论竞争与合作之间的关系。它们通过不同的复杂途径相关联，而我将通过人类学的研究方法来进行挖掘。第三章提供了一套框架来解释在历史上合作是如何形成的。如何合作在现代文明开端之初就已经成了一个问题，因为科学开始从宗教中分离出来，而欧洲宗教本身就是分裂的。

书的第二部分用社会学的观点描述了合作是如何被弱化的，以及在当前合作是如何被归零的。在这里我采纳了阿马蒂亚·森和玛莎·努斯鲍姆的批判性的观点。为了说清楚，我在第四章探讨了不平等的童年的经历是如何影响他们与人合作的经验的。第五章探讨了在成年人的工作中合作是如何被侵蚀的；对这部分我特别关注了在职业领域中合作、权威和信任之间逐渐消失的联系。第六章关注了现代社会新浮现的一种性格类型，一种不合作的个体，无力处理错综复杂和有差异的事物的人。所有的社会评论文章都冒着画卡通画的危险（过于概括化），念及于此，我竭尽所能对这些社会弊病进行了尽量清晰、精微的描述。

第三部分考查了可能加强合作的方式，并关注了使之可能成功的技巧。我在前言中偶然引用了"合作作为一门手艺"这样一种措辞。而今我对此深入挖掘，试图在第七章里呈现那些我们可以从社会生活中制造和维修物件的手艺里学习到的经验。第八章我将介绍一种被我称作"日常外交"的手段，即与我们不赞同或者不喜欢或者不理解的人一起工作的技巧；实现这一诉求的具体技术与表演实践相关。第三部分通过对承诺的探索总结于第九章。对他人的回应，与他人合作明显需要某种承诺，然而承诺的形式多种多样，我们应该选择哪一种？

这就是我如何尽力地从各种角度去全面地看待合作。我作为一个社会学家所栖居的这个世界充斥着制定政策的呆子，他们的工作就是去告诉别人如何循规蹈矩地生活。在本书的末尾，我也没有能提供呆子式政策的智慧，取而代之的是，我力争将这一旅程与在所有作家、散文家中最富有对话性精神的蒙田联系起来。

别扭地在一起[1]

[美] 道格拉斯·克林普

刁俊春 译

---

1. 本文经作者和麻省理工学院出版社授权出版。道格拉斯·科林普（Douglas Crimp）曾是罗切斯特大学艺术史系范妮·纳普·艾伦讲席教授。Article with the permission of the author and the MIT Press. Douglas Crimp was Fanny Knapp Allen Professor of Art History, University of Rochester.

第一卷，右屏，"尼可在厨房"（Nico in Kitchen）：《雀西女郎》（*The Chelsea Girls*）。开始的镜头是尼可金色刘海的近距离大特写，距离非常近，以至于尼可的头向左或向右轻摇一下，取景框里就找不到她了。

尼可一边和埃里克·爱默生（Eric Emerson）以及她的小孩阿里（Ari）说话，一边用一把小剪刀和一面双面的化妆镜修剪自己的刘海，化妆镜上的光偶尔会反射到摄像机镜头上。当尼可叫埃里克去煮点咖啡时，他就烧上水，结束了本就难以为继的对话。这时镜头拉远变成了中距离特写，可以看到埃里克站在尼可的旁边洗着咖啡壶。尼可坐下，坐到了取景框的下面，摄影机向左下方摇镜头，终于找到了她。阿里走进取景框来拥抱他的母亲，她用法语对他说话。五分钟过去了，声音变弱直到刚好听不见，这时第二卷"奥丁神父和英格丽德"（Father Ondine and Ingrid）开始，声音起，画面出现在左屏。摄像机镜头后拉给了一个中景。埃里克站在尼可的边上，又走到她的前面。一个几乎看不见的镜头切换使他又回到屏幕右边的位置上。尼可起身，镜头拉近，给了她腰部一个近距离大特写，一片很暗的阴影，镜头然后向上摇到她的头部，再往上摇，再摇下来整框取景她的刘海，她继续修剪着刘海。光和焦距调整了一下。电影继续着开始时

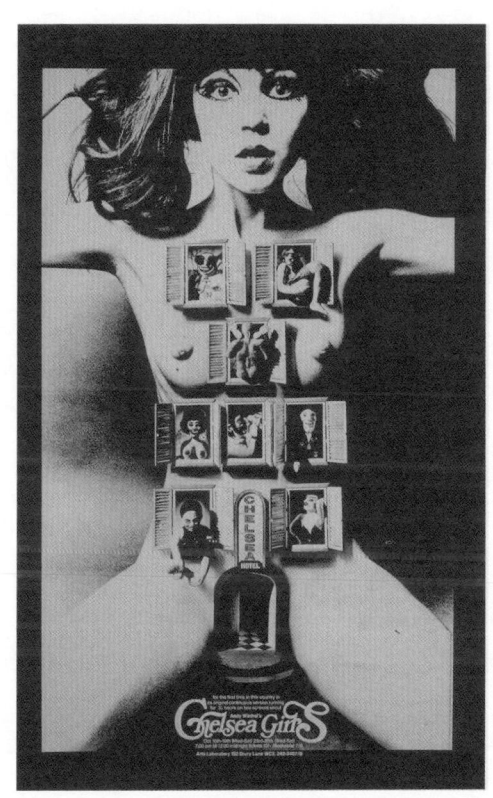

图1　安迪·沃霍尔，《雀西女郎》，1966年

的场景：尼可近距离的大特写，修剪着她的刘海。

在整个第一卷中，摄像机镜头时远时近、时前时后、时上时下，但最终不可避免地回到尼可的刘海并定格住。尼可继续修剪刘海，并不时用剪刀的刀边梳刷着它们，摆弄着它们，向它们吹气，把碎小头发从它们中弹出去，在化妆镜中看着它们。她抽着烟，喝着东西，微笑，但不管有什么暂时使她分心——同埃里克说话，与阿里玩——她总是会回到她的刘海。沃霍尔的镜头也是如此。在某一时刻我们也许会认为，有着完全相同短卷发的埃里克和阿里也有刘海；也许就是尼可在阿里头发上胡乱剪几下之前，埃里克用手指给阿里梳头的那一刻。但是，只有尼可的刘海是最重要的，我们看到，它们那么艺术化的造型和眉毛的曲线完美衔接，微微地指向鼻梁的正中。我们发现，使它们如此完美，是多么了不起的一件事；我们还发现，尼可似乎毫不费劲就做到了，一直到电影结束，尼可注意力集中——可以说心不在焉地注意力集中吗？——在她的刘海上。然而，电影并非如我们想象的那样，在那些精确的近距离大特写镜头中选一个来结尾，虽然这些镜头如有魔力般会一次又一次出现在电影当中，电影真正的结尾却用了一个中景，涵盖了从门到厨房的场景。当阿里从画面下方走到她面前时，在屏幕最左边的尼可的身体有一部分被挡住了，在下方的中央位置、靠近大门柱的地方是埃里克的黑色轮廓像，阴影中的一面空墙占据了整个右方三分之一的画面。

假如说，虽然有轮廓像和阴影，第一卷基本上是白色的——尼可的头发是日耳曼式的金色，埃里克是略带金黄的红色，阿里是淡黄色，他们三个的头发毫无二致地同白色的搪瓷橱柜及器具把厨房点亮——那么，在左屏放映的第二卷就是黑色的。第二卷以奥丁的中距离特写画面开始，画面中除了他的脸和双手以及黑色罩头长袍下高领衫所露出的一丝白色以外，一切都是漆黑如暮。奥丁是个有话说一半的人。光线从屏幕外面的左方照在他的身上，戏剧性地突出了他轮廓分明的外形，他直接看向这束光线，用手挡在眼睛的上方。"进来"，他命令道，很快我们就听到英格丽德·超级明星（Ingrid Superstar）那带着新泽西腔调的哭诉声。天主教告解是这个片段的隐喻，奥丁是听告解的神父，尽管他嘲讽时多，倾听时少。英格丽德有一搭没一搭地聊着她的男友；奥丁问了几个简单的问题，像什么"你在哪碰到他的？"之类。英格丽德感到了厌烦，闭口不言，过了一会儿她问："嗯，你刚才问什么来着？"奥丁答："我问的是，你为什么是拉拉（lesbian）？"她坚称自己不是，他坚称她就是，然后镜头拉远成了一个中景，这样英格丽德首次在画面中出现了，同时出现的是那"告解"的奇特布景：

两只长沙发背靠背地放着。奥丁跪在其中一只上,双肘放在沙发背上;英格丽德背靠着另一只沙发坐着,不看奥丁,看着光线,她戴着墨镜。奥丁很快就把游戏从告解变成心理分析。"现在开始回忆吧,"他对她说道,"我从头到尾都想听听。"奥丁俯视着她,并在沙发上颠来颠去。摄像机也颠来颠去;老实说,摄像机的移动让人头晕,镜头摇来摇去、拉近放远却找不到有内容的画面。奥丁又改变了游戏,现在心理分析变成了求职面试,因为英格丽德的资质不合要求,所以他让她走人。她照做了,他也起身走出了摄像机的取景范围。"就这么着吧。"他边说边离开了。可是,当然不能就这么着。摄像机依然开着,所以他们别无选择只好又回到原先的位置继续戏谑。英格丽德先侮辱奥丁,然后请求他原谅。他假装感情受到伤害,说道:"你在同一个非常敏感的女祭司讲话,最高级的女祭司,而我也不是玛利亚·蒙特兹(Maria Montez)。""谁是玛利亚·蒙特兹?"英格丽德问道。"谁是玛利亚·蒙特兹?"奥丁反问道,满脸狐疑,然后好像很合乎逻辑地补充道:"我不知道。"奥丁一向反应灵敏,当他坚称他不是一名罗马天主教牧师时,英格丽德有点懵了,"那么,你在这儿装牧师干什么?""摆造型。"他面不改色地回答道。两人开始争吵,朝对方大喊大叫,身体也开始扭打在一起,这时摄像机也参与了行动,仿佛它也是其中一个捣乱者。它晃来晃去，快速闪过物体，镜头离开了场景，但最终它还是设法回到奥丁那粗犷的容貌上，在这里它相当于第一卷中尼可的刘海。

一

《雀西女郎》改变了我的人生。1967年我观看了它，不久之后我退学了，搬去了纽约城，在那里找到了一份给传奇时装设计大师查尔斯·詹姆斯（Charles James）当助手的工作，当时他生活在雀西旅馆一个由几间破败房子组成的套间里。詹姆斯在我早晨的咖啡里放入安非他命。他发起脾气来同《雀西女郎》的结尾处奥丁那臭名昭著的迅猛爆发有的一比。有一天，他让人把一个漂亮的年轻男人脱光衣服，两只手腕绑在床上，就是在《雀西女郎》的一些片段中充当道具的那种床。我在詹姆斯手下只干了两个星期，就只能另谋他就了。然而几年后，我搬进了雀西旅馆对面街上的一间阁楼里，那以后，许多的深夜都在麦克斯的堪萨斯城酒吧（Max's Kansas City）的密室里厮混，在那里我结识了一些"工厂"（the Factory）里的人，其中就包括善变无常的奥丁。

《雀西女郎》是我第一次接触地下电影，当时我在新奥尔良读大学，《雀西女郎》正在全国上映，当地的一家艺术影院也放映了它。《雀西女郎》在美国、加拿大和欧洲国家进行了商业化演出,并被广泛评论,这一点说明了20世纪60年代的电影文化:毕竟《雀西女郎》时长三个半小时,分屏,也没什么故事性,讲的是一帮酷儿和吸毒者,他们住在一家破旧不堪的公寓式旅馆,所在的社区也很寒酸(雀西男孩[2]是很久以后的事)。雀西旅馆的经理觉得被电影深深侮辱了,以至于他威胁要起诉沃霍尔,因为沃霍尔用旅馆的房间号来命名电影里的章节(许多分段的确是在雀西旅馆里拍摄的,也有一些明显是在其他地方拍的)。尽管它以堕落为傲——或者说恰恰是因为它以堕落为傲——《新闻周刊》(*Newsweek*)的杰克·克罗尔(Jack Kroll)称《雀西女郎》为"一次引人入胜、意义深远的电影事件""地下电影的《伊里亚特》",并把电影中的人物描述为"同杰克·盖尔博(Jack Gelber)的那些絮絮叨叨的瘾君子、爱德华·阿尔比(Edward Albee)的那些图谋不轨的喜剧家以及约翰·厄普代克(John Updike)的那些诗情画意的郊区居民一样意义非凡。"[3] 布莱恩·奥多尔蒂(Brian O'Doherty)在给《艺术和

---

2. 雀西男孩是格伦·汉森(Glen Hanson)与艾伦·莱维斯(Allan Neuwirth)创作的一套连载漫画,讲述了三个住在纽约雀西区的同性恋男性室友的生活的故事。最初连载开始于1998年。——编者注

3. Jack Kroll, "Under ground in Hell," *Newsweek*, November 14, 1966, p. 109.

艺术家》(Art and Artists)写的一篇文章中把沃霍尔在电影上的成就同乔伊斯(Joyce)和巴罗(Burrough)在小说上的成就相提并论,他写道,"在这样的一个年代,人们已经学会随意使用胶片作为媒介,就像以前的画家在没感到绘画要过时的威胁时随意使用颜料那样",《雀西女郎》"很可能是第一部杰作"。[4] 托比·马斯曼(Toby Mussman)称《雀西女郎》为"沃霍尔迄今为止最重要的作品"并把它在暴力方面同布努埃尔(Buñuel)的《黄金年代》(L'age d'or)、霍克斯(Hawks)的《疤面人》(Scarface)以及福勒(Fuller)的《赤裸之吻》(The Naked Kiss)相比。[5] 其他的把《雀西女郎》誉为在某一方面是最好的或比较好的评论比比皆是,这些评论绝大多数都是荒谬牵强的。《雀西女郎》被称为"地下电影的《音乐之声》(The Sound of Music)";沃霍尔被比为博什(Bosch)、卡拉瓦乔(Caravaggio)、但丁(Dante)、狄更斯(Dickens)、维克多·雨果(Victor Hugo)以及 D·W·格里菲斯(D. W. Griffith);文森特·坎比(Vincent Canby)在《纽约时报》(New York Times)中暗示《雀西

---

4. Brian O' Doherty, "Narcissus in Hades," *Art and Artists* 1, no. 11 (February 1967), pp. 13–15.

5. Toby Mussman, "The Chelsea Girls," *Film Culture* 45, summer 1967, p. 42.

女郎》全国巡演的组织者乔纳斯·梅卡斯（Jonas Mekas）"说话开始像达里尔·F·扎努克（Darryl F. Zanuck）"。[6]

也许《雀西女郎》最奇特的颂词来自白南准（Nam June Paik），在他《无纸社会的延展教育（Expanded Education

---

6. "安迪·沃霍尔制作了一部电影，一半是博什，一半啥也不是（half Bosch and half bosh）"（Dan Sullivan, "Andy Warhol's 'Chelsea Girls' at the Cinema Rendezvous," *New York Times*, December 2, 1966）。"《雀西女郎》有几分维克多·雨果式的古典的庄严。"（Jonas Mekas, "Movie Journal," *Village Voice*, September 29, 1966）。罗萨琳·瑞吉尔森早前就把《雀西女郎》同乔伊斯、但丁、狄更斯以及D·W·格里菲斯做了比较（"Where are 'The Chelsea Girls' Taking Us?" *New York Times*, September 24, 1967），格里高利·巴特考克（Gregory Battcock）以同样方式把《雀西女郎》同卡拉瓦乔做比较（"Notes on The Chelsea Girls: A Film By Andy Warhol," in *Art Journal* 26, no. 4 (summer 1967), p. 364, fn. 4）。在《西城区中部的"雀西女郎"》（"'Chelsea Girls' in Midtown West", *New York Times*, December 1, 1966）一文中，文森特·坎比（Vincent Canby）写道："电影工作者发行中心（The Film-Makers' Distribution Center）很明显找到了它的'音乐之声'，那就是安迪·沃霍尔的新作《雀西女郎》。"在稍后的《海岸将看到沃霍尔的电影》，*New York Times*, January 19, 1967）和《海岸将看到沃霍尔的电影》"Cannes Will See Warhol Picture,", *New York Times*, April 25, 1967）这两篇文章中，坎比声称《雀西女郎》被誉为先锋派的"音乐之声"以及地下影院的"音乐之声"（但是他并没有说，这种比较是由他首先提出的）；坎比，在《海岸将看到沃霍尔的电影》一文中说过"梅卡斯先生说话开始像达里尔·F·扎努克"。沃霍尔本人是这样说《雀西女郎》："除了《谁会害怕维吉尼亚·沃尔夫？》（*Who's Afraid of Virgina Woolf?*）和《汤姆·琼斯》（*Tom Jones*）以外，还没有类似的电影。"（引自 *I'll Be Your Mirror: The Selected Andy Warhol Interviews 1962–1987*, ed. Kenneth Goldsmith, Carroll and Grat, 2004, p. 129）

for the Paper-less Society）》这篇宣言中，他声称《雀西女郎》为用胶片捕捉20世纪尚存的达人显贵提供了最好的格式，这些达人显贵绝大多数都是白南准所推崇的哲学家和神学家：

没有什么比用胶片充分过量地记录当今和过去那些逐渐老去的伟大思想家的声音和形象更为迫切和成功无望了，这些人随时都可能飘然逝去，例如：马塞尔·杜尚（Marcel Duchamp）、雅斯帕尔斯（Jaspars）、海德伽（Heideggar）、加布里埃尔·马塞尔（Gabriel Marcel）、奥特加·伊·加塞特（Ortega Y. Gasset）、卢咔奇（Lucasc）（卢卡奇（Lukács））、汤因比（Toynbee）、拉达克里希南（Radhaklishnan）、恩斯特·布洛赫（Ernest Bloch）、尼布尔（Nicbuhr）、普勒（Puller）（福勒？（Fuller？））、萨特（Sartre）以及罗素（Russell）。采访者本人也应该是有资质的哲学家，摄制组的人越少越好，这样雅斯帕尔斯（原文如此）和海德伽（原文如此）就能像"雀西女郎"那样自如地谈话了。像全国广播公司（NBC）或者国家教育电视台（NET）那种昂贵的电影制作技法非但不是必要的，甚而可能会有损于此主题。[7]

沃霍尔的确宣称他曾有想法要拍一部关于杜尚的24小时电影,只是没有寻求到支持的资金。[8] 就我所知,他未曾考虑要拍雅斯贝尔斯或者海德格尔。

当然,《雀西女郎》得到的评论并非是一致性的叫好。波斯利·克劳瑟(Bosley Crowther)就在《纽约时报》上撰文指责它为一出"上映了的偷窥秀",同时,波士顿的刑警队查禁了它。[9] 雷克斯·里德(Rex Reed)称它是"花三个半小时,充满粗俗和无能者困惑的粪坑,不比马桶内壁有意思多少"。[10] 影评家们似乎对《雀西女郎》既

---

7. Nam June Paik, "Expanded Education for the Paper-less Society"(1971), reprinted in *Video'n' Videology: Nam June Paik, 1959–1973*, ed. Judson Rosebush, Syracuse: Everson Museum of Art, 1974.

8. Beniamin H. D. Buchloh, "An Interview with Andy Warhol," in *Andy Warhol*, ed., Annette Michelson, MIT Press, 2001, p. 119.

9. 《雀西女郎》是波士顿在执行为期六个月马萨诸塞州反对淫秽法令时,被查禁的四部电影之一,也是唯一一部,其放映的影院被判指控罪名成立。其他三部都是瑞典影片:《我的妹妹,我的爱》(*My Sister, My Love*)、《深夜游戏》(*Night Games*)以及《我,一个女人》(*I, a Woman*)[沃霍尔在次年用《我一个男人》(*I' a Man*)戏仿了最后一部的片名]。参见"Exhibitor of 'Chelsea Girls' in Boston Is Fined $2,000," *New York Times*, June 9, 1967.

10. Rex Reed, *Big Screen, Little Screen*, Macmillan, 1971, p.193.

折服又震惊，因为它从电影工作者实验剧院（Film-Makers' Cinematheque）——它本该"属于"的地方——走进了居民区"真正"的影院。克劳瑟的严词谴责正是由此而引发："只要这些冒险不出格林威治村（Greenwich Village）或者第42大街以南的独立剧院，那么一切都行……可是现在它们堂而皇之地走进了影院……是时候叫那些放纵的家长们不要再对他们过于早熟的小鬼头们睁一只眼闭一只眼了。"[11] 安德鲁·萨瑞斯（Andrew Sarris）在《电影笔记》（*Cahiers du Cinema*）上写了一篇勉强可算作正面评价的文章，也持类似的观点，文章这样开头：

《雀西女郎》已经进入了居民区，从电影工作者实验剧院走出，来到了剧院大会所（the Cinema Rendezvous），足够反讽的是，就在这里，许多家庭型的影片在进行首映或者为了孩子们再返回重映。毋庸置疑，《雀西女郎》少儿不宜，甚至也不适合那些尚未失去孩童般羞怯的成人们。官能性偷窥狂们则会感到厌烦，无法集中注意力。沃霍尔与其说是利用了堕落，还不如说是认证了堕落。绝大多数色情都不激发性欲，因为认

---

11. Bosley Crowther, "The Underground Overflows," *New York Times*, December 11, 1966.

证很粗糙,但是《雀西女郎》连色情都算不上。高加索男性那一次次快速闪现的裸体,因其暗示出的可怜的温顺而使观影者感到压抑。沃霍尔把好莱坞老式的卖弄风骚精炼成一种不温不火的折磨,在其中生物机体用谈话消除了生理高潮。[12]

萨瑞斯因《雀西女郎》没有使他获得性刺激而大发牢骚,使我们想起了当年有一位匿名的美国参议员曾就杰克·史密斯(Jack Smith)的地下经典电影《热血造物》(*Flaming Creatures*)而对《新闻周刊》的一位记者发表的一番高见。1968年,史密斯的电影被右派利用来攻击林登·约翰逊(Lyndon Johnson)的大法官提名人阿贝·福塔斯(Abe Fortas),因为福塔斯刚投票推翻了纽约州法庭对《热血造物》的淫秽罪判决。在参议员斯特罗姆·瑟蒙德(Strom Thurmond)于参议院办公大楼组织的观影会上看完电影后,上面提到的那位匿名参议员发表了著名的评论:"那电影真变态,甚至都激不起我的性欲。"[13]

---

12. Andrew Sarris, "The Sub–New York Sensibility," *Cahier du Cinema in English 10,* May 1967, p. 43.

13. 参看 J. Hoberman, *On Jack Smith's "Flaming Creatures" (and Other Secret-Flix of Cinemaroc)*, Granary Books, 2001, pp. 42–49.

屏幕内外那些软绵无力的阴茎,沃霍尔和他的电影导师杰克·史密斯都会用到,不过他们的相同之处绝不止于此。史密斯把《正常的爱》(*Normal Love*)的每一次放映都变成一个独一无二的表演,他从录像集里选取一些片段来匹配无声的镜头,放映时他会在放映室里把电影顺序重新拼接。在电影工作者实验剧院的首轮演出中,《雀西女郎》也是如此,每一次放映都不尽相同。一些电影的最初片段已经不再是电影的一部分了。例如,有一卷,我们称为《小间》(*The Closet*),在最初上映的时候是作为《雀西女郎》的组成部分的。[14] 影片现在的形式是由沃霍尔在它走进商业影院后决定下来的,总共有十二卷,共九个不同的"片段";大多数片段正好是一卷的长度,有三个片段是两卷的长度,其中的一个是两屏同时展现,其他的则分屏放映。[15] 有些卷放

---

14. 乔纳斯·梅卡斯的沃霍尔早期电影志上包括下列记录:"1966年,9月15日计划,目录:732号房——《教皇奥丁的故事》;422号房——《杰拉德·马兰加的故事》;946号房——《乔治的房间》;116号房——《河内汉娜》;202号房——《下午》;632号房——《那位约翰》;416号房——《迷幻》;822号房——《小间》"(Jonas Mekas, "The Filmograph of Andy Warhol," in John Coplans, *Andy Warhol*, New York Graphic Society, 1970, p. 153.

15. 斯蒂芬·科赫对《雀西女郎》的描述用的各卷顺序同现在的标准顺序不同。参见 Stephen Koch, *Stargazer: The Life, World, and Films of Andy Warhol*, revised edition, Marion Boyars, 1991, pp. 86–97。

映的时候有声音，其他卷声音被关掉或开得很小。最后一卷的影像在最后的几分钟里被关掉，而声音继续播放。因为左右屏的模式，同时，因为每次右屏的第一卷都比左屏的先放五分钟，再加上由于换卷而产生的不确定时间差，所以《雀西女郎》事实上每次放映的都是独一无二的版本。[16] 这种现场演出的特征使它除了在正规的剧场以外，其他方法无法观看，这一点也许有助于说明一个事实：尽管《雀西女郎》首次公映时引起了轰动，也被认为是沃霍尔最伟大的银幕成就，但它实际上所获的严肃评论却屈指可数。

在沃霍尔自己的记忆中，《雀西女郎》既是"让所有人端坐注目的电影"，也是典型的"工厂"自制影片，他说过："无论是谁，如果他想知道1966年我们纽约的那些夏日是什么样子，我能说的就是，去看《雀西女郎》吧。我没有一次在观看它的时候，心里不产生一种我好像又回到了那里的抑郁的情感。它也许看起来像恐怖秀——'地狱里的几

---

16. 《雀西女郎》的放映指令有如下的记录："每一卷一结束，放映机按计划立刻补上下一卷；如此，两架放映机在2号卷时建立的五分钟时差就会一直延续到影片结束。《雀西女郎》的目的是在每次放映时略有不同，所以时间控制差不多就行。"["The Chelsea Girls: Instructions for Split-Screen Projection," in *The Films of Andy Warhol* (brochure), Museum of Modern Art Circulating Library, n. d.]

个小房间'——对外人是这样,可是对于我们,它更像是一种安慰:毕竟,我们是这样的一群人,相互间都很理解彼此的问题。"[17] 那么,沃霍尔和他的朋友们到底有什么问题?吸毒?恶言恶语?自恋?沃霍尔没有挑明,或许是因为他认为当你看《雀西女郎》时,这些问题都是不言自明的。不管怎样,对他来说,《雀西女郎》与其说是对这些问题的叙述——"恐怖秀'地狱里的几个小房间'"——还不如说是给这些问题提供一种慰藉,一种"安慰"。那么,他看到了什么,能如此地安慰自己?

他看到了——我们也看到了——两卷同时放映。合二为一:这是理想,也正是成对(the couple)的定义,然而《雀西女郎》却在拆对。虽然电影的主要数字是二——两卷、同时发生的两件事(虽然时间上稍微有点错开)——但是这些两个事物是不经意地、未加甄别地结合在一起——甚至人们会说是胡乱混杂地结合在一起。两两组队很快变成了多方参与:三个、四个、五个直至更多;一会这个故事,一会那个故事,一会又是另一个故事,一会又回到那个故事。或者它可以是单独的,例如"河内汉娜"(Hanoi Hannah)

---

17. Andy Warhol and Pat Hackett, *Popism: The Warhol Sixties*, Harcourt Brace, 1980, p. 185.

的那个片段是双屏同时放映；又如左屏的"彩光下的演员"（Colored Lights on Cast）那组，[18] 其中包括著名的埃里克·爱默生，他们看起来成了右屏上埃里克自恋式的自我探索和独白的观众。（见图2）《雀西女郎》中的重要关系依然是以两屏间偶合的那些形式被创造出来：巧合、共鸣、不和谐音、对齐、切分、韵律以及反差。拿反差来说，有黑白与彩色的并置、突出黑暗的一卷与突出光线的一卷并置、一卷上有一对或一群人而另一卷上独自一个男人或女人。在这些卷中也有一些关系没有被并置在一起。同样，下面这些或许也是形式上的或技巧上的：布光、取景、推拉、著名的"打字机式摇镜头（右边慢摇，左边快摇）"、镜头聚焦时准时不准；或许它们是情感上的：汉娜［玛丽·沃诺娃（Mary Woronov）］申斥斯卡姆（Scum）、英格丽德·超级明星；艾德·胡德（Ed Hood）申斥马里奥·蒙特兹（Mario Montez）；玛丽·麦金（Marie Menkin）申斥她儿子杰拉德·马兰加（Gerard Malanga）；奥丁申斥罗娜·佩奇（Ronna Paige）。各式各样的超级明星在一卷又

---

18. 我使用的各卷名称是由沃霍尔和他"工厂"的同事们对《雀西女郎》的"权威"（definitive）决定，并且，按照考利·安杰拉（Callie Angell）的说法，这些卷名是写在影片盒上的。

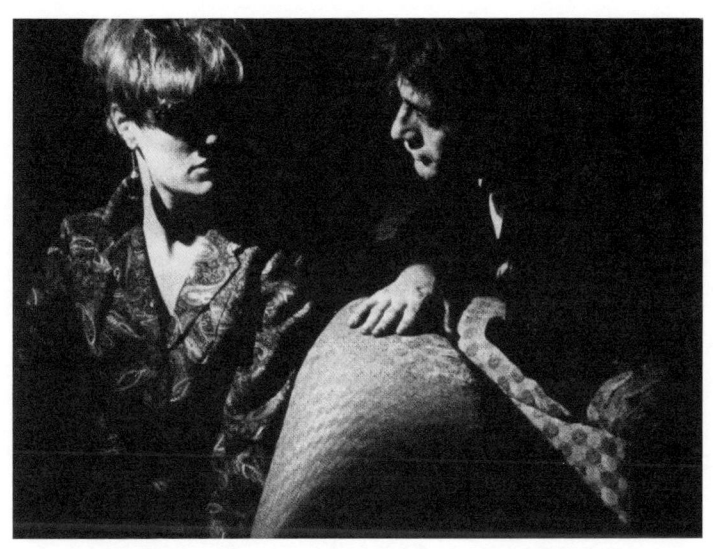

图2 安迪·沃霍尔,"彩光下的演员":《雀西女郎》,1966年

一卷中纷纷亮相。玛丽·沃诺娃在第五卷和第六卷中是河内汉娜,在"玛丽·麦金"片段(第八卷)是杰拉德·马兰加的女友,在"床上的男孩们"(Boys in Bed)(第四卷)中她又爬上了那张床。从一开始就被艾德·胡德和帕特里克·弗莱明(Patrick Fleming)占据并持续占据的那张床,许多人都上去过(第四卷和第七卷),如:玛丽、英格丽德、国际丝绒(International Velvet)、安吉丽娜·"辣椒"·戴维斯(Angelina "Pepper" Davis)、杰拉德以及热

内·理查德（René Richard）。马里奥没有爬上那张床，但他进入了那个房间，唱了几首歌，在被坏脾气的艾德·胡德赶走之前，出了一把风头。英格丽德无处不在。她先后出现在"奥丁神父和英格丽德"（第二卷）、"布里吉德开庭"（Brigid Holds Court）（第三卷）、"河内汉娜"（第五卷和第六卷）以及"彩光下的演员"（第十卷）这几个片段中。埃里克先后出现在"尼可在厨房"（第一卷）、"埃里克全说了"（Eric Says All）（第九卷）以及"彩光下的演员"（第十卷）这几个片段中。杰拉德出现在"床上的男孩们"（第四卷）和"玛丽·麦金"（第八卷）两个片段中。奥丁在两个片段中饰演教皇奥丁（第二卷和第十一卷），他同尼可一样，出现在电影的第一次和最后一次的双屏放映中，但不同的是，他的角色是同一剧情的延续，而尼可的角色却不一样。（见图3）由于第一卷和第二卷的开始在时间上间隔了五分钟，《雀西女郎》以尼可的特写镜头开始，也以尼可的特写镜头结束，但是在其他方面，开头和结尾还是有巨大的反差：黑白色的尼可，彩色的尼可；幸福的尼可，悲伤的尼可；说话的尼可，听着地下丝绒乐队（The Velvet Underground）歌曲默默流泪的尼可。

需要一种超然的心态才可能看清并记住电影两卷或多卷之间的互动，然而这种超然的心态往往很难达成，因

图3 安迪·沃霍尔,"尼可在厨房":《雀西女郎》,1966年

为始终有种力量,在我们观影时把我们拉向能听到声音的那卷,似乎只有关注有声的那卷而无视另一卷我们才能跟上故事的发展。但是,正如沃霍尔电影的一贯风格所要求的那样,不一样的关注方式会给观影带来更好的回报。依冯·瑞娜(Yvonne Rainer)——她的早期电影正是从这时开始的——属于最早的一批意识到这点的人,她在1967年《艺术杂志》(*Arts Magazine*)上一篇名为《别让出游戏》

(Don't Give the Game Away)的文章中写道:

  我从第二遍开始,就不再只看左屏或右屏了,而是观看两屏的内则边缘。尼可儿子的头和隐约出现的奥丁靠在一起;马兰加场景中,阴郁的、暗紫的和紧张的细节紧挨着那张静态的躺满了人的床的一角。内侧边缘讲述了另一个故事、描绘了人物之间的另一种互动,并且蕴含着比取景框的其他任何地方都浓缩的隐喻,这一切浓墨重彩地说明了图像是如何被挤堆在内侧边缘,并加以限制不让溢出。这在绘画上是一个熟悉的概念,即便在当下的绘画领域有些不再时尚。在电影上看到如此极端的视觉呈现真是一次新经历。[19]

  瑞娜接下来开始推断,我们不妨称之为《雀西女郎》式的拼边(edginess),是如何通过取景框边缘上的压力,以及观影时违背原则超出、穿过、翻越取景框边缘来获得图像而得以产生:

  人们很快开始注意到有一条严格的原则控制着绝大多

---

19. Yvonne Rainer, "Don't Give the Game Away," *Arts Magazine* 41, no. 6 (April 1967), p. 45.

数的互动，一旦违反这条原则，就会产生不和谐的结果，例如当汉娜对超级明星（Superstar）说："你不应该喜欢它，"或者当奥丁被称为假模假样时很沮丧。游戏的众多规则可简化为"保持本色"和"别让出游戏"……这组特别的限制——在限制内工作以及在限制的外侧边缘上危险地行走——激发了一种大胆的逻辑（extravagant logic），同时也给影片添加了不少黑色幽默成分。[20]

在瑞娜的文章刊出几个月后，有人在《纽约时报》"周日艺术和休闲版"上撰文详述了一种理解《雀西女郎》中"大胆的逻辑"的方法，虽然听起来令人难以置信。"这些醉生梦死的浪荡客，玩着他们自己的小游戏，公然质疑着我们文化最基本的假定——即异性配对，不管幸福不幸福、道德不道德，都是具有重要社会意义的行为，值得我们最大可能的密切关注。好莱坞华而不实的性刺激和艺术电影的那种刚猛激烈的媾淫已经被一种新型的性神话所取代，

---

20. Ibid., pp. 45–46. 苏珊·派勒（Susan Pile）的说法相似："他们（'演员们'）根本不在演戏，只是在假装，但是他们所表现出的神情，以及他们想象中的人物形象变得如此强大，以至于他们忘了他们知道他们只是在玩游戏。"（Susan Pile, "The Chelsea Girls," *Film Culture* 45, summer 1967, p. 46）

那就是一种温和、低调、游戏性的多样态。"[21] 这是由罗萨琳·瑞吉尔森（Rosalyn Regelson）所写的，她明显支持游戏性的多样态："挪过去点，给我在床上留个位置。"她这样写道。我想知道，罗萨琳·瑞吉尔森是谁，在《纽约时报》做什么工作？后来搞清楚了，她是一名自由撰稿人，曾写过一篇文章，也在"艺术和休闲"版登出，我记得大约在我开始混迹于麦克斯酒吧那间密室的那段期间，我读过那篇文章，文章的标题是"我不是男孩，也不是女孩，我就是我"（"Not a Boy, Not a Girl, Just Me"）。标题是对文章主题人物杰克·柯蒂斯（Jack Curtis）描述语的截短版："我不是男孩，不是女孩，不是同性恋，也不是变性人——我就是我，贾姬。"柯蒂斯的第一部戏剧《琥珀轨道上的大天堂》（*Heaven Grand in Amber Orbit*）正在荒唐剧院（Play-House of the Ridiculous）上演。在瑞吉尔森的笔下，约翰·法卡罗（John Vaccaro）的作品"尽管舞台粗俗丑陋，演员们穿着疯人院里的破烂，脸画得奇形怪状，但是很奇怪它并不糟糕，反而有点像是果陀夫斯基（Grotowski）

---

21. Rosalyn Regelson, "Where Are 'The Chelsea Girls' Taking Us?" *New York Times*, September 24, 1967, p. 131.

和格劳乔·马克斯（Grouche Marx）结合在一起"。[22] ［我最近刚看过《大天堂》，然后在麦克斯酒吧遇见了贾姬和荷丽·伍德劳恩（Holly Woodlawn），我深感惊奇，居然在古板的星期日报上发现这样一篇令我同情共感的文章。］瑞吉尔森还在《纽约时报》上写过一篇关于新女性主义剧团（New Feminist Repertory Theater）的文章，她声称这个团体"挑战了我们过去数十载一直生活在其中的神话——那就是宇宙的基本秩序是建立在郊区家庭之上，这种家庭由强男、从属的消费女，以及三到五个正在成长的复制品"组成——不说儿童这个词，也不说小孩儿这个词，而是说复制品。[23] 在"艺术和休闲版"的另一篇文章中，瑞吉尔森讥讽苏珊·桑塔格（Susan Sontag）那篇著名的坎普（camp）札记"如同一个假日记者向游客们保证，在某一个专有的度假地里有哪些时髦的场所"。

桑塔格小姐那低俗版（Schlock）坎普就是郊区家庭主妇的低俗化，全是蒂凡尼灯具、古玩店天鹅丝绒礼服及鲍嘉电影。

---

22. Rosalyn Regelson, "Not a Boy, Not a Girl, Just Me," *New York Times*, November 2, 1969, D1.

23. Rosalyn Regelson, "Is Motherhood Holy?," *New York Times*, May 18, 1969, D1.

真正的同性恋坎普事实上正好同这种无内容的"风格"相反。就像货真价实的犹太幽默（在流落到郊区之前）一样，同性恋坎普是对一种无望的境地的反讽回应，整个世界就在这种无望的境地中被建构以侵害人们的生存。正是通过对这种建构中不公正和虚伪的方面加以反讽和戏仿，以达到幽默的批判，我们才能获得生存的勇气。[24]

瑞吉尔森肯定是有意和郊区人过意不去，但她对坎普的确知之甚详：在World Cat数据库中输入她的名字时，我找到了一条参考书目，是她1951年在哥伦比亚大学的硕士论文，论文题目是《同性恋圣人：罗纳德·菲尔班克的生活和工作》（Gay Saint: The Life and Work of Ronald Firbank）。毫无疑问，她的确应该和雀西旅馆里那满床的游戏性多性体躺在

---

24. Rosalyn Regelson, "Up the Camp Staircase," *New York Times*, March 3, 1968, D1. 瑞吉尔森继续写道："桑塔格小姐那布尔乔亚化的坎普（bourgeoisified version of Camp）真是琐碎，难怪麦迪逊大街和那些商贩们把她的文章奉为天赐。他们以波普式坎普作掩护，暗示着同性恋的幌子，目的是为了使他们的产品和宣传带有几分禁果的兴奋感，这样就迎合了一个新的文化消费阶层，这些人追艺术的新、时尚的奇，不求甚解。这些人内心不安、觉得自己不正宗，就认为同性恋者对这些事物有一种特殊知识，于是，他们偷了他的紧身裤、无垫肩的披肩以及剪好的鬓角，试图通过用他的穿戴来占有他的知识。他们追随他到他长居的私密场所，剽窃他的语言。他们尽可能地侵犯同性恋的世界，然后开始说同性恋们正在密谋占领世界。"

一起。[25]

那么，是坎普支撑着沃霍尔吗？在20世纪50年代，或许吧，但1966年，他制作《雀西女郎》时，或者1980年，他在《波普主义》(*Popism*)中谈电影给予他安慰时，坎普就不能说明一切了。在她形形色色的《纽约时报》故事中，瑞吉尔森无比正确地把沃霍尔的电影、女性主义和荒唐剧院，以及贾姬·柯蒂斯流浪儿式的去性别魅力称为"向未知领域进军"，但是，她往往有点过于纠结于（我们那个时候用的词）攻击她认为是郊区居民所有的那些价值观——规定的社会性别角色、异性恋，以及养儿育女——并且令人无法理解的是，她只关注《雀西女郎》的"故事"，除此之外，她视而不见。除了对电影的"两块分裂的屏幕"轻描淡写地提了一下以外，瑞吉尔森只字未提瑞娜所指的通过把两个屏合二为一来观看从而获得电影的"另一个故事"。沃霍尔本人对这另一个故事的说法通常遮遮掩掩。在1971年的一次与杰拉德·马兰加的访谈中，他说道：

---

25. 根据"Gay Studies"上的一个条目，见 *Gay Histories and Cultures: An Encyclopedia*, ed. George E. Haggerty, Garland, 2000, p. 389. "洛萨林德（原文如此）·瑞格尔森在1960年代后期在纽约大学和耶鲁大学讲授的课程，似乎是大学常规课程里，首次用同情的视角来讲述同性恋，并维系了学者们的希冀。"

在《雀西女郎》中有图像分割（split image）的想法只是因为我们有太多的镜头要编辑，而我当时对编辑又不感兴趣，但如果用原来的样式放映，在时间上又太长了。所以，通过双屏同时放映，我们能把时间减半，同时也避免了编辑如此长的一部电影所需的冗长乏味的工作。看完以分屏模式放映的电影后，我意识到人们可以同时领略两个或更多的故事和情境。[26]

更早些时候，沃霍尔曾对约瑟夫·吉米斯（Joseph Gelmis）说过，"我在《雀西女郎》中把两件事同时放上屏幕，这样你可以看一边的画面，如果你对另一边感到厌倦。"[27] 现在，我们当然知道，沃霍尔早在三年之前，在影片《沉睡》（*Sleep*）之后，就本质上不再编辑电影了。所以，《沉睡》和《雀西女郎》《帝国大厦》（*Empire*）、《亨利·戈尔德扎勒》（*Henry Geldzahler*），以及许多《雀西女郎》前后的作品，使人们看清了一个事实：沃霍尔根本不会因为他的电影太长或者太无聊而担心。更重要的是，《雀西女郎》并不是沃霍尔首次尝试使用分屏放映。更早的《外部和内部空间》（*Out-*

---

26. Andy Warhol, *I'll Be Your Mirror*, DA capo press, 2004, pp. 193-194.
27. Ibid., p. 166.

er and Inner Space）和《卢普》（Lupe）（《卢普》有时还会三卷同时放映）都证实沃霍尔领悟了并行放映可能产生的复杂效果。在这两部作品中，《外部和内部空间》看起来有更多的设计，有精准的录像/电影、中景/特写结构，而《卢普》在绝大多数情况下，只研究了屏与屏之间偶然的反差：静止与运动、声响与寂静、垂直与水平摇镜头、友爱与孤独、小女孩粉红与蓝色睡衣。在《卢普》每一卷的结尾处，镜头都突然、无明显动机地切换到马桶里伊迪·塞吉维克（Edie Sedgwick）的头上——并从不同的角度拍摄——这说明了沃霍尔的这些平行并置是如何设计的（对连续构图的绘画大师来说，这不足为奇）。

在《雀西女郎》中，设计绝大多数都弃之不用了，为了支持一种表演的真实时间［对沃霍尔来说，也是卷时间（reel time）——奥瑞康（Auricon）摄影机片盒中一千两百英尺的胶片摄成的三十三分钟］和纯粹的偶然事件——放映员在每次放映时，并行的卷与卷之间在时间上会产生微小的误差——之间的互动。[28] 不过，在这种偶然的结构中，沃霍

---

28. 嘉利·兰伯特（Carrie Lambert）讨论了偶然时间和理性时间的关系，见她在下面依冯·瑞娜所编书中的章节：*Parts of Some Sextets In Being Watched: Yvonne Rainer and the 1960s*, MIT Press, 2008, pp. 75-125。

尔维护了控制力——或许我应该说重新维护了控制力——因为只有当《雀西女郎》走进居民区时,他才确定下各种约束。开始时,低反差的"白色""尼可在厨房"卷和高反差的"黑色""奥丁神父和英格丽德"卷的并置,以及结尾时的并置使我们重回到这些开始剧情中的主要角色身上,同时在黑白色边上变化着不同的彩色,这些事实说明了任意性在沃霍尔的美学中是有界限的。[29] 沃霍尔的控制之手在看起来最特别的地方最明显,如:第七卷的事件驱动(还有老派的声音)演出指令就如是说:"扮女者离场声音才停。"其他所有伴随《雀西女郎》各卷的放映/声音、演出指令都是严格以时间为基础的,例如:第九卷,"埃里克全说了"的演出指令是:"第八卷声音结束,所有声音起"。顺便提一下,这指令诚然也是一个事件驱动(或表演驱动)的决定,因为埃里克·爱默生的独白是《雀西女郎》中卖座点之一。奥丁在第十一卷中扮演格林威治村的教皇,也是一大卖座

---

29. "沃霍尔拿出餐巾纸,说道,'我想……'然后在餐巾纸的中央划了一条线,在两边分别写上大写的'B'和'W'。接着他说,'我需要两种能量……我要黑和白,同时出现。'他说:'你能明白吗?'我说:'能。'然后,就这样定了。这就是为《雀西女郎》所做的讨论。" Ronald Tavel, 转引自 David E. James, "The Warhol Screenplays: An Interview with Ronald Tavel,"*Persistence of Vision* 11, 1995, p. 57。

点,名声远扬,沃霍尔的指令是"所有声音起"。同样,玛丽·沃诺娃的施虐狂河内汉娜("所有声音起")、布里奇·柏林(Brigid Berlin)"开庭"(一接上,起声音)、玛丽·麦金泼妇似的母亲("声音")。同样情况还出现在马里奥·蒙特兹演唱"如此美妙"和"早晨我沐浴在阳光中"时,艾德·胡德抵制性的笑声一方面回应了马里奥迷人的表演,另一方面也回应了明显被迷倒了的帕特里克·弗莱明。艾德在男孩们——还有女孩们——在床上的两段表演,似乎重演了他在《我的小白脸》(*My Hustler*)中的角色,疯狂地阻挡着所有对帕特里克图谋不轨的手。不是因为马里奥有任何如此这般的设计,"我只是个家庭主妇,就这样。"他坚持说道。这桥段是《雀西女郎》中最坎普的时刻之一。你不仅明白瑞吉尔森为什么会把它解释为对郊区道德的抨击,也能明白沃霍尔为什么把它制成有声的。

但是,我还是要重申一下:《雀西女郎》中的声音是个诱饵。我们的注意力被声音吸引;我们的眼睛总是不可抗拒地追随者我们的耳朵。这样做,肯定能得到回报,例如:埃里克那挑逗性的、自恋的、征服-皇后式的独白"我是1"。但是,不要恋上埃里克。如果你这样做,你就自寻烦恼。他的声音传来那令人感到恐怖的生动形象,交合就是彻底地融二为一,听听:"我宁愿是正在被人舔舐的一片或一滴汗,从他们的脖子上流下,让舌头前后舔着,把我清舔干净,吃进肚里——彻底地吃进。如此深地进入一个人的身体,意味着你真的融入了他们,他们也就成了你了,不管谁掌控着谁,我猜是他们变成了我,因为我通常是掌控者。我在上边。上面挺好。"[30]

自大的家伙,埃里克。有人认为他有点古怪,用他自己的话就是"古古怪怪"。但是,正如他已经说明,他只是很享受同一个绅士做爱。他喜欢当1,他喜欢像1一样玩你(好像玩具一样,他可以耍你)。

你将享有我,我也将享有你。我们将会游戏。我们将一起唱歌。我们将跳舞。我将为你跳舞。我将为你唱歌。然后有一天,你将走得太近。你会想要我,但是你将不能拥有我。我说的是你,但我的意思是任何边上的人。我已享有了太多的人,太多的人也已享有了我。我知道如何让人们享有我。我知道如何让人们愉悦。我只是做他们希望我做的……和他们在一起,我会愉悦一阵子,但是接下来我就会腻烦了。我就得起身,彻底地离开。他们会伤心一阵子,通常是

---

30. 一份埃里克·爱默生在《雀西女郎》中独白的文字记录发表在 *Little Caesar* 7, 1978, pp. 49-52。

很长一阵子他们真的很伤心。他们摇着头,试图忘却我的一切,可是我却不是那么容易就能被忘了的。我是会萦绕在他们脑海里的那种人。一旦他们得到过我,那么没我日子就会很艰难。

布莱恩·奥多尔蒂把埃里克的独白称为"很可能是最接近沃霍尔意愿的一次明证——他对愉悦的态度、对世界的态度、他应对世界对他的态度"。这真是个奇怪的说法!沃霍尔享受他自己的身体?沃霍尔是个1?不是。我认为沃霍尔更可能把埃里克的独白看作是一个警戒性的故事,把埃里克本人看成一个危险的诱饵,这个诱饵会导致某种问题,而《雀西女郎》也许能给这些问题提供些许安慰。更好地享有埃里克的方式就是他享有你的方式:只看成许多中的一个。看看另一边屏幕——埃里克也在那儿,和其他人在一起,有英格丽德、辣椒、国际丝绒、洛尼·库特朗(Ronnie Cutrone)、西弗·乔治(Silver George)。同时看着两边的屏幕——彩灯变幻,这边是蓝色,那边是红色;这里聚光,那里逆光;两边屏幕上都是埃里克的特写,左屏上的埃里克小一些,被挤堆到屏幕的边缘上,右边屏幕上的埃里克大很多,大到取景框装不下;英格丽德的特写紧挨着埃里克的特写,差不多同样大小,这样持续了一瞬间。转眼,讲的就是另一个故事了,然后再一个故事。"另一个故事……是一个新的经历。"正如依冯·瑞娜意识的那样。两块屏幕并行着,但是却并不融洽(fitting),相反,正如沃霍尔在另一个语境下所说的那样:"别扭的在一起。"(misfitting together)[31]"别扭的在一起"——听起来舒服。

---

31. "我考虑到,绝大多数人认为,在'工厂'这个地方的所有人对一切事物都有着相同的态度;然而,真相是,我们都是沦落天涯的错位人(odds-and-ends misfits),不知为何,错位共处。" Warhol and Hackett, *Popism*, Mariner Books, 2006, p. 219.

图4 安迪·沃霍尔,《雀西女郎》,1966年
16毫米电影,黑/白和彩色,有声,204分钟,双屏

人群系谱学的可能性？

黄建宏[1]

---

1. 黄建宏，现为台北艺术大学艺跨所教授。

> 展示人民就是为政治主体中的无份者跟匿名者制作形象。
>
> ——迪迪-于贝尔曼（Georges Didi-Huberman）[2]

> 人民并不存在，存在的是各式各样的形象。
>
> —— 朗西埃（Jacques Rancière）[3]

> 人民只有在不存在国家这种不可能的条件下，才会具有实质意义。
>
> ——巴迪欧（Alain Badiou）[4]

1948年共产党到达上海之前，在疯狂的通货膨胀下，国民党宣布发放40克黄金后出现银行挤兑的景象。当时，玛格南（Magnum）创设成员的摄影师亨利·卡蒂埃·布列松，受《生活》（*Life*）杂志所托前往中国进行历史时刻的记录。

---

2. Georges Didi-huberman, 《partages de communautes》, *Peuples exposés, Peuples figurants*, Minuit, 2012, p. 108.

3. Jacques Ranciere, 《Non, Le peuple n'est une masse brutale et ignorante》, *Liberation,* 2011/1/5, reedit. 《Introuvable populisme》, *Qu'est-ce qu'un peuple* ?, La fabrique, 2013, p.139.

4. Alain Badiou, 《Vingt quatre notes sur les usages du mot 'peuple'》,*Qu'est-ce qu'un peuple* ?, La fabrique, 2013, p. 21

照片中身体紧挨的人群里，约有一半的被摄者看着队伍的前方，有另一半的被摄者则朝向镜头一侧，其中只有大约8至10人面对摄影机。在这影像中"人群"（或说"诸众"）何在？照片中标示出的施力所在是从左至右的推挤，可以见到每个个体或他们的身体自身并不是施力者，而只是被推挤的物理性存在，他们展现力量之处在于他们向前紧抓的手、脚板与地面之间的抵抗关系以及见证这时刻的眼神。"人群"不是主控力量的主体，而是历史语境、物质流动的巨大变动和抵抗所构成的集体性事件（景观）。Raqs的《重演》从这个基础的影像出发，在其缓慢动态中，"人群"中的人于一种前后晃动的神往中脱离了迫切性，而且原本彼此相贴合的外部与身体之力，乃至于人群之力，彼此相互解离：历史（体制）之力只剩下临演演员的摆拍姿势，而"慢动作"（缓慢）就成为影像的一种系谱学，解构了布列松对于时代与人群之间的关系的瞬间建构，在缓慢中或缩在更小的时间区段（interval）中，个体获得了主动性，他们主动地以自身之力望向摄影机。个体在幸存的无限小的区间中认可了自身的意志，历史瞬间的巨大聚块于时代的变化中，在当代的影像流变中解离了。

Raqs对于布列松所表现的置身于共产党新政权、国民党的瓦解、金融体系的崩溃、资产的流失、性命的岌岌可危底下的人群，在共产党执政的新阶段下进行了一次影像系谱学（genealogy）的演绎。人群自身就是批判性的时间再现，所以，何谓人群系谱学的时间？系谱学自身的时间并非如家谱一般的树状图，意即固定形貌的时间图像，而是一种将自身时间化，同时将时间的流变视为形变之实质的一种批判性操作。中国是一处"人群"政治发生流变的重要考察位址，今日的新中国如何面对这项提示？这项并不局限在中国，而是全世界都或许面对的问题。"人群"并非理所当然的存在，而是随着历史情境、政治体制、物流发展、文化交流等，启动个体生存欲望后出现的影像型态。我们对于"人群"的认知是从什么时候开始？又通过什么媒介来认知"人群"？尽管对于"集体性的人"的诠释可以推到极早的艺术再现或艺术史讨论中，但关于这个问题较为清晰的线索，可能是在19世纪出现的，主要因为都市人口的聚集、劳动力的集中、资本的累积以及记录工具的进步。也就是说，都市作为人口聚集的空间，才使得某种景观式的集体性被意识到；同时间也开始颁布大量法规对于市民进行明确规范；此外，劳动力与资本的集中使得物流世界也成为人口的某种再现，甚至出现足以代表人群的"代理人"（神格化或法人化的个体）；也因此，现代化生活完全与商品的生产联结起来，在都市空间中形塑出消费者的集体性，甚至这集体性在景观社会的再生

图1 《请冷静,女士(或资本简史)》
现成照片与应邀拍摄照片的组合,带有镜子和绳子 ,2013年

产中成为都市地景(landscape)的一部分;最后,就是有效的视觉记录机器的发明与发展,才得以满足"集体性"(人群以及公共空间)的再现、大量"个体"的归档、"社会事件"的记录以及"影像媒体"的集体性接收。

换言之,"人群"无论在定义或再现上都是一种关于人的集体形象的界限,或说"人群"的指称已经构成一种界限经验,一种既是语言与影音,也是文化与政治的界限经验。也因此,我们要说这个大家习以为常的用词"人群",事实上,不是任何固定时空中(或脱离时空)而存在的认同,而是一种与事件息息相关的流变。所以,如果我们有必要推进关于"人群"的思考时，我们几乎可以说批判性的系谱学甚或拓扑学（typology）是极具关键性的。这也是Raqs在其创作计划中主要的思考取径，当他们提及"一张被遗忘的人群的照片就像刻在石头上的一段失落语言的铭文"时，我们便可以说"人群往往是在失语或匿名中被看到"，甚至可说"人群总在被遗忘的状态下才开始召唤其意义"。因为在特定时刻的事件当下，"人群"并不展现其自身，而是服务于该政治时刻中对应于特定权力和资源的某个位置，但"人群"自身的特殊含义却不只是这种结构主义式的指称，而必须在历史过程中生成。

这就是为何Raqs尝试选定布列松的照片（这张照片就仿佛一只欧美之眼在观看中国后所遗留的一张明信片），一方面联结《赛康德拉巴德》的人群系谱学在中国的人群系谱学获得延伸，另一方面因为该延伸，而更突显出穿越不同历史脉络下某种未被真正面对的"人群"。在20世纪的发展中，在福柯宣称人（抽象的或象征的）已死之后，或许Raqs在21世纪提出的是唯有"人"（无论是物理的或象征的人）已死，人群（能量的、生态的）才会被召唤。如果世博会与大多数的双年展都着眼在召唤人群，那么刘行喆对于遗留下来的世博馆的摄影，这些"遗迹"虽然意味着人群的缺席，但经过Raqs《请冷静，女士》的转化后，"人群"并未缺席，而是一种于资本积累与事件消费之间被形塑的利润载体。"人群"在资本的快速与高度积累中所发挥的重要功能，就是成为制造利润的象征性与实质性载体，而事件之后的无人景象则意味着这载体与资本的脱离，同时，这载体的实体性也因为资本脱离事件脉络后而离解消散。如何追索这随着利润而出现又消失的人？Raqs以一条拉扯在"演化／灭绝""欣喜／衰竭""遗忘／讪笑""写实／神奇""对比／延伸"中的粗麻绳演绎了人群的力量，"人群—力量"并不与资本和物质的积累平行应和，而是在资本的燃烧和冷却中消耗的热量，在政治、社会的矛盾价值中耗尽自身。

"人民"的宣称一方面推进了民主政治，另一方面也确实让许多人增加了改变生命的机会，然而，这个指称却一直未被清晰地解决，甚至我们可以说这是一直被20世纪的媒体与知识分子所占用的关键词。尽管后半世纪的理论对此多有批判，却一直无法解决"人民指的是谁？""谁可以用这个词？""怎么用？"等问题。然而，理论的喧哗声掩盖了真正的问题，一直到21世纪的今天，各国政府因为全球结构而强化着对国内的控制力时，我们会发现20世纪人文科学的批判性所清除的是经济模式之上的各种意识形态。五花八门的经济改革或行销手段，都可能是适应残存或萌发的不同意识形态的技术性调整，但基本的经济价值逻辑是没有改变的。

甚至在一次次地清除意识形态的同时，就越来越接近经济逻辑的单向化。20世纪重大的辩证对象"人民"彻底地瓦解了，在朝向占夺性资本的同时，解离成"人群"。

我们看着《赛康德拉巴德之所见》的照片投影，一开始因为雾气所以无法看清影像，烟雾中只见一根爱奥尼柱，而两侧小的影像则是Raqs为"真实非军事区计划"（Real DMZ Project）[5]制作的《通天门》（*Door to the sky*），这些影像都指向民众的消失与不在，前者是时间中的缺席，后者则是大家空间中的缺席。两位扮成上班族的表演者随着话语对影像，以及影像所在的空间进行测量：话语、标尺、手、绘图。计算跟测量成为系谱学的重要方法，雾气在10分钟过后便散去，我们可以看到赛康德拉花园中的遍地尸体。33分钟过去后，他们才开始分析影像，怀疑着那照片中的尸体还可以是真的吗，其中一人甚至在末尾将其推至用数位相机直接进行拍摄。如果说"人民"总是被假定存在于某种现场或特定时代，那么"人群"就像幽灵或粒子是在补时或测量中才会被活化。

---

5. 发端于2011年，2012年成形于在朝韩非军事区边境上若干地点所进行的展览。该计划旨在审视"真实的"去军事化同朝韩非军事区的内在讽刺之间的关系，唤起人们对于不可逃避的历史议题的意识，并希望在一个持续性的平台上发展和分享广泛的考察和研究。来自该项目官网的说明：http://realdmz.org/project/2013/——编者注

图2 《塞康德拉巴德之所见》
带有档案照片、身体、文本、音景和多重录像的表演装置，50分钟
与祖雷卡·乔达里合作，由 2012 年同名作品延展而成

一粒尘埃在落定之前，是一颗炽热的微粒，在光中翩然起舞。

——《塞康德拉巴德之所见》

这句带着强烈卢克莱修（Lucretius）意味的比喻，Raqs 用类似微偏（clinamen）描绘着"人群"中的匿名个体，这

图3 《生活》杂志刊载的中国进行历史时刻的纪录照片,1948年
亨利·卡蒂埃·布列松

里恰恰缺乏着一个联结,而我们却是在Raqs的计划中看到这联结的可能性:系谱学历程。摄影(摄影的阅读)与图像学(日常标示的分类学)事实上决定着这粒"尘埃"是否可能在翩然起舞时,忆起舞池中曾经激起与撕裂的各种爱恋,借由故事的皱折维持其热量。意即,系谱学是一种对熵的抵抗,当朗西埃(Jacques Rancière)以"一天"(如同足以产生异质影像的"微偏")开始偏离既定的感性分享,这在想象的思维空间中是剧烈的,但在其生产的意涵上,依然依赖着过往传统欧洲社会中的阶序制(hierarchic)知识传递和教育的系统。但Raqs提出"补时"实则积极地提出艺术描绘所

具有的激进性，如果我们断言朗西埃的工人系谱学成就出左派知识分子最为深刻的自我批判，意即回到思想自身的系谱学；相对之下，或许Raqs的补时计划则是一种人群故事（历史）的系谱学。艺术描述着当代与世界，这意味的不止艺术与世界和历史之间伦理关系的界定，另外便回到艺术与描绘之间的能动性问题。当贝尔廷（Hans Belting）和格罗伊斯（Boris Groys）如此分别确认艺术的全球关系与形貌特质时，似乎都没有进一步讨论其能动性关系，而这个难题正突显出其具说服力的支点依旧回到欧洲知识分子传统上。那么，我们如何基于上述具有价值的观点，但又不落入欧洲情结中？我想Raqs长期投注影像的系谱学方法，就显得至关重要。

集结群、众、民

"汉雅一百"展览中的"艺术物"集合[1]

刘畑[2]

---

1 展览于2014年1月17日在香港艺术中心(HKAC)开幕,从香港著名的汉雅轩画廊的收藏中,遴选出了100件20世纪的艺术物品,从于右任的书法到黄宾虹的山水,从"文革"宣传画原稿到政治波普,直至目前最为市场追捧的当代作品,在此基础上形成展览,并与学术论坛同构、互补。策展:高世名、张颂仁;中国美术学院当代艺术与社会思想研究所:刘畑、张杨、刘益红、张未、王岩、Nicoletta Jordanidis、卢睿洋、张骋、吕豪、魏珊、邹舒、李乔、朱娴;汉雅轩:林昶汶、陈韵。

2. 刘畑,策展人,中国美术学院展示文化研究中心副主任,跨媒体艺术学院当代艺术与社会细想研究所(ICAST)研究员。

香港艺术中心的五楼，"汉雅一百"展览的序厅，与民国遗老于右任赠予戴季陶的大字"说剑增慷慨，琢玉思坚贞"、冯康侯先生自许的寸印"可叵居"并峙的，是一组"人民英雄纪念碑"的设计稿（图1）。这批全国范围内多方征集而来的稿件，显露出的是意识形态未定于一尊时的尝试。所有的象征元素，无论重檐、五星，尖顶、玉琮，雕像、书法，勋章、旗帜，都被调动而起，集体卷入了一场"道成肉身"般的"符号运算"，目的是为了解答一个共同的命题：如何才能准确再现这一新生的国家主体？

汉初定，萧何修建未央宫时，对刘邦说："非壮丽无以重威，且无令后世有以加也。"（《史记·高祖本纪》）实际上，"人民英雄纪念碑"正是一件"开国礼器"。此类政体草创期的造型努力所追求的概莫如是：从各式蓝图中冶炼出它的唯一范本，在物质上凝聚理念和历史，昭示气象与未来。

然而，中国古人勒碑刻石、标榜功业，也诉诸金石不朽，但所造者实非"纪念碑"（monument），城市—广场—纪念碑的组合，是中国经历现代化过程中所习来的建制，它与曾经的碑刻、礼器传统的融合，这种不同代际积淀而成的文化基因，正应对着"汉雅一百"策展的基本出发点和理论工作对象——"三个艺术世界"的框架：当代艺术的全球化世界、传统文人的艺术世界、社会主义的艺术世界，这三者

图1 人民英雄纪念碑征集的设计稿中的一件

并存于今天的现实,互相叠加、干涉,渗透在我们对"艺术"的理解中——不仅包括当代艺术,甚至也适用于春节联欢晚会,当然也出现在这一方"人民英雄纪念碑"之上。

于是,新中国的开元之气与民国时期的慷慨磅礴,乱离之人的偏居独白(冯康侯先生在印章侧面刻着一首小诗:乱离无一可,历劫更名叵。巢覆雏幸存,栖心尚得所。无家处处家,宇宙能容我。康侯刻此以自慰),共同展开了"汉雅一百"关于20世纪中国艺术和历史的全景而微观的画面。最终的碑身,正面铭刻着毛泽东手书的"人民英雄永垂不朽",背面周恩来手书的碑文中,也反复提起"在人民解放战争和人民革命中牺牲的人民英雄们永垂不朽"。但，何谓"人民英雄"？在碑文的不断"上溯"中，"人民英雄"又是何时真正出现的？"人民"早已合二为一，但曾经"人"是统治者、贵族，"民"是被统治的人、奴隶。而我们还可以问："中华人民共和国"和"中华民国"之"民"，是否是同一个"民"？可有发生了什么迁移？回溯孙中山提出"三民主义"："民族、民权、民生"，三"民"又是不是同一个？

这正是在展览中，我们希望借由100件20世纪中国艺术史中的"艺术物"（art object）去感知和透视的。在这个意义上，"三个世界"可以视为三种政治主导范式在艺术中的残响，反之，也可以看作三种艺术意识和技术对政治的赋形；并不存在不可感、不可见的政治。实际上，在遍览100件"艺术物"时，我们发现，几乎没有一件作品是不涉及至少"两个世界"。因此，我们将对100件艺术物的临时"集合"，取代常规的"分类"（species）（图2）。此次的集合分为：序、群、众、民、文、毛、山河、家国、身、网。而我们所面对的，是一个复杂庞大而难拆分、"三个世界"互扰的汉语概念网（图3）："人民"对应着外部之"敌"；"群众"对应着领导之"党"；"国家"的出现对应着"家国"的失落，但今日之人类最大规模的周期性迁徙"春运"，却又完

图2 "汉雅一百"展览现场集合

全可以从"家国"的角度解读；而"身"既是"长恨此身非我有"的"身"，又是英雄"高大全"的献"身"之身，既有"匹夫"之意，又是西方造型传统中的"人体"，还牵扯到"性别"运动中的身体，乃至"物自'身'"；还有一个仿佛与所有集合都有交集，但又没有集合能真正容纳的超级个体："毛（泽东）"。所以，在展览中发生的，不是分类归置而是临时并置，不是亚里士多德意义上"种加属差"式的"说明"，而是集合中的"对话"，如《兰亭集序》云：晤言一室之内，放浪形骸之外。偶遇、互文、化合、放射、转义、悖反，这种暂得之"集"，因寄所托，若合一契，正是此意。

所以，在"群、众、民"这三个汉字所制造的集合中，我们在汉语的源头、西方语汇的翻译、当下的使用、艺术物的感知中反复切换，才能有力地面对这些熟悉却困难的概念

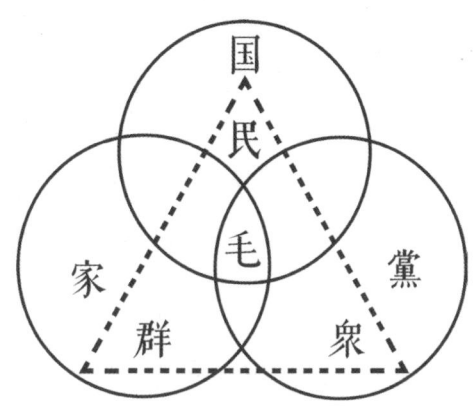

图3　100件艺术品的临时"集合"的汉语概念图

以及它们之间的交织和微妙。

《诗·小雅》："谁谓尔无羊？三百维群。"群是无政府式的徒增数量，不产生结构。群，羣也，君临与羊上（有趣的是汉语中最好的价值判断：美、善、義，都和羊有关），"来啊，我们要屈身敬拜，在造我们的耶和华面前跪下。因为他是我们的上帝，我们是他草场的羊，是他手下的民。"（《圣经·诗篇95：6-7》）故教会人员为"牧师"。群缺乏真正的沟通，发生的只是"布朗运动"，所以勒庞在《乌合之众》里认为"群体"是被无意识支配。不过，群的优点也在于这种"孤立"，《论语·卫灵公》："君子矜而不争，群而不党。"当然，今日的"党"所对应的是

"Party"。晚清严几道将赫伯特·斯宾塞《社会学研究》（*The Study of Sociology*）译为《群学肆言》，将约翰·密尔《论自由》（*On Liberty*）译为《群己权界论》，以"国群小己"译"社会与个人"，当属基于中国传统和现实对"群"的意义阐发的极有深意之举，直接导向"社会主义"在中国的兴起。"兽三为群，人三为众"（《国语·周语》），从"眾"至"众"，三"人"之间渐渐有人脱颖而出，凌驾于他人之上，是为管理结构和阶级的诞生。而"民"，平也，悯也，"民"是劳作者。《说文》训"民，众萌也。"尚待化育，所以张载要"为天地立心，为生民立命"。

在"汉雅一百"的现场集合间，存在着一个"对视"："民"的集合对视着"毛"（作为起义者、领袖、神的毛，及其后效和反噬），在三件巨大作品构成的"毛"的"祭坛"前，摆放的是一位小民——阿Q，而曾经被唤起的"工农百万"（方增先作品）对视的则是"氓"——方力钧的"泼皮"（图4）。经历革命洗礼后，那个烂泥般被人踩躏的阿Q成为了带着硬度的"氓"。"氓"曾是"民"，后来成为流民、亡民、无根之民，在现实生活和精神呈现上，流离失所又无所事事。而在"民"和"众"之间，也存在着一种对视。民者，㕞也，一把锥子刺向眼睛，也许那是受伤的奴隶之眼，尽管它们有反抗的可能："民不畏死，奈何以死惧

图4 "民"的集合对位着"毛","工农百万"对应着"氓"

之。"郭沫若认为"民"是"盲"的初文,所以要"开启民智"。而"众",从最早的🅰至🅱,三人头顶上锄禾日当午的青天白日,变为神目如电,或是"老大哥"之眼、统治者的监视(直至发展为"群众的眼睛是雪亮的")。🅱与🅲正是两只相对视的眼睛,一道沉默而揪心的目光横亘其间。某种程度上,"群、众、民"的共同特点,正是它们的被观看的方式:之上存有监视,一个"上司"向下"俯瞰",之中充满环顾,所有人看着所有人,都只在"远望"中被概括成像,没有具体的名字。李桦《怒潮组画》中的两张《抓丁》和《起来》,庄辉《公元一九九七年十月十三日河南省安阳市道路绿化管理站全体职工合影纪念》《大干社会主义》,郑国谷《阳江青年的生活与梦幻》,共同构成了百年的"群体/集体"画面的变迁史:从被奴役和压迫到"哪里有压迫哪里就有反抗"的"百姓",至集体主义的"群众",想要改天换地的"人民",再至娱乐人生的"大众"。

物聚、人散。终于,所有的作者都离去了,而作品屏住了呼吸。展览是一次集结。也许广而言之,这集结的一百件艺术物——乃至任何一个展览(不论哪个艺术世界)、每一年的春晚(不同世界的"联欢"),充斥的都是某种可以被称为"民间艺术"的东西。然而,什么是民间?当代艺术的全球化世界、传统文人的艺术世界、社会主义的艺术世界,

图5 凝视的眼睛

似乎都是依托它而来，民间是一份它们依之建造世界的大地，也是它们和我们共有的土壤。但什么又是"民间"的对立物呢？也正是这"三个艺术世界"。因为所谓"民间"，正可对立于官方、政府、权威，对立于国际、时尚、新潮，对立于风雅、文人、知识分子……这种"民间"的自我对立形成的张力，可能是后续的研究中最应关注的。我们需要假设自己以一个未来的考古者的姿态，将这些作品还原于"无名"的状态，如同我们第一次走入金字塔，挖掘出了这一百件物的大集合，将如何开始考古和解读。

正如我们总是一次次为无名的星空命名，在虚空中连接出星座，这集结而出的"群众民之眼"，也留下漫长的意味深长的目光的集合，去等待穿透时间的雾霾（图5）。正如另一位"汉雅一百"艺术物提供者的著名诗句，它也仍未被遗忘："新的转机和闪闪星斗／正在缀满没有遮拦的天空／那是五千年的象形文字／那是未来人们凝视的眼睛"。

加密无政府主义宣言(1992)

[美]提摩西·梅伊

马楠 译

一个幽灵正在笼罩着现代世界,一个加密无政府主义的幽灵。

电脑技术正处在一个边缘,它将为个人及群体以匿名的方式交流互动提供可能。两个人可以交换信息,做生意,谈电子合同而并不知道对方的真实姓名或合法身份类讯息。通过网络进行的行为将是无法追查的,通过使用加密协议,用加密包和反干预工具进行大量复杂的重编路由,可以几乎完美地保证加密不被破解。信誉(reputation)将会成为最重要的,在今天的交易中它比信用评鉴等级(credit rating)还要重要。这些发展将会完全颠覆政府条规的性质,其税收和控制经济行为的能力,以及信息保密的能力,甚至会彻底改变信任和信誉的性质。

然而此项革命(这一定是一场社会和经济革命)所需要的技术已经理论上存在了近十年。其方法是基于公钥加密技术(public-key encryption),零知识交互证明系统(zero-knowledge interactive proof system),多种交互软件协议,认证和验证系统。过去,欧洲和美国的学术会议一直是焦点所在,这些会议都受到国家安全局的严密监视。直到最近,电脑网络和个人电脑的速度才快到让这些想法得以付诸实际,接下来的十年更会快到使之变得不仅经济上可行而且本质上难以阻挡。高速网络,综合业务数据网(ISDN),反干预工具，智能卡，卫星，Ku波段[1]发射器，多颗MIPS（multi-MIPS）核心[2]的个人电脑，加密晶片，现在都在开发中，但在将来都会成为可用的技术。

国家当然会试着减缓或是叫停这种技术的传播，引用国家安全局的说法，如果毒贩和逃税人利用了这种技术将会引发社会解体。许多这类担忧是真实的，加密无政府主义确实会使得国家机密被自由交易，也会容许买卖非法或偷窃的材料。一个匿名的电脑化市场甚至会让暗杀和勒索交易成为可能。各种犯罪和境外因素会成为加密网络（CryptoNet）的活跃用户。但这并不能阻止加密无政府主义的传播。

正如印刷术改变并削减了中世纪行会的权力以及社会权力结构。同样，加密方法会根本改变企业和政府经济交易界

---

1. 根据IEEE 521-2002标准，Ku波段是指频率在12-18GHz的无线电波波段。Ku即"K-under"（德语：Kurz-unten），表示比IEEE 521-2002标准下的K波段的频率低。在太空，Ku波段可用作卫星之间的通信波段，如国际空间站和航天飞机通信用的跟踪与数据中继卫星（TDRS）也有使用Ku波段。在卫星广播领域里，Ku波段是一个常用的波段。——编者注
2. MIPS架构处理器（Microprocessor without Interlocked Pipeline Stages的缩写，亦为Millions of Instructions Per Second的相关语），是一种采取精简指令集（RISC）的处理器架构，1981年出现，由MIPS科技公司开发并授权，广泛被使用在许多电子产品、网络设备、个人娱乐装置与商业装置上。最早的MIPS架构是32位元，最新的版本已经变成64位元。MIPS，X86以及ARM等都是常见的处理器架构。——编者注

面的性质。加密无政府主义与新兴的信息市场合二为一，将会为任何可用文字或图像表达的材料创造一个流动的市场。正如一些看起来不起眼的发明，比如铁丝网可以圈起广袤的牧场和农田，并因此永远改变了美国大西北对土地和财产所有权的观念。同样，这个看起来微不足道的数学神秘分支引发的小小发现，将成为铁丝网钳子，将这些被铁丝网保护的知识产权解放出来。

起来，你们这些除了铁丝网一无所有的人们！

责任编辑:邓秀丽
执行编辑:周　赟
封面设计:孙琬淑
版式制作:李　文
责任校对:杨轩飞
责任印制:张荣胜

图书在版编目(CIP)数据

如水的社群:汉文、英文/郑波主编.--杭州:中国美术学院出版社,2021.5(2023.8重印)
ISBN 978-7-5503-2449-7

Ⅰ.①如… Ⅱ.①郑… Ⅲ.①社会团体-文集-汉、英 Ⅳ.①C912.22-53

中国版本图书馆CIP数据核字(2020)第227950号

跨媒体艺术丛书
如水的社群
郑　波　主编

出 品 人:祝平凡
出版发行:中国美术学院出版社
地　　址:中国·杭州市南山路218号 邮政编码:310002
网　　址:http://www.caapress.com
经　　销:全国新华书店
印　　刷:浙江省邮电印刷股份有限公司
版　　次:2021年5月第1版
印　　次:2023年8月第2次印刷
印　　张:9.875
开　　本:787mm×1092mm 1/32
字　　数:250千
印　　数:1001—2000
书　　号:ISBN 978-7-5503-2449-7
定　　价:54.00元